Teaching Effectively with Zoom

ハーバード式 Zoom授業入門

オンライン学習を
効果的に
支援するガイド

ダン・レヴィ

川瀬晃弘 監訳

今村 肇／澤口 隆／竹内美紀／仲 綾子／
久松佳彰／藤原喜仁／堀 ひかり 訳

青弓社

Teaching Effectively with Zoom: A practical guide to engage your students and help them learn (Second edition)
by Dan Levy
Copyright© Dan Levy, 2021
Japanese translation rights arranged with Dan Levy
through Tuttle-Mori Agency,Inc.,Tokyo

ハーバード式 Zoom 授業入門

オンライン学習を効果的に支援するガイド

目次

推薦……9

緒言……14

序文……18

謝辞……22

日本語版への序文……25

第 **I** 部

キーアイデア

第**1**章

はじめに……29

第**2**章

指導上の原則……42

2-1　原則1：学生中心であること……43

2-2　原則2：アクティブ・ラーニングの計画を立てること……46

2-3　原則3：終わりを念頭に置いて始めること……50

2-4　原則4：オンライン教育を比較優位に基づいて活用すること……51

2-5　原則5：教師は生まれつきの才能ではなく、努力してなるもの……55

第 **II** 部

学生の関わり方

第**3**章

話す……62

3-1　学生に参加してもらうには……65

3-2 よい質問をするには……69

3-3 ミュートをデフォルトにすることの再検討……72

第**4**章
投票……76

4-1 投票は匿名にするべきか……78

4-2 少人数クラスでの投票の使用……86

第**5**章
書く……91

5-1 チャットの主な用途……93

5-2 チャットに反対するケース……99

5-3 決定……101

第**6**章
グループワーク……105

6-1 ブレイクアウトルームの主な使い方……107

6-2 ブレイクアウトルームの実施……110

第**7**章
共有する……126

7-1 学生が自分の成果物を共有する方法……126

7-2 学生が成果物を共有する場面……127

第 III 部
教師の関わり方

第 8 章 ────────────────
プレゼンテーション……141

8-1 スライドの提示……143

8-2 動画の共有……150

8-3 インターネットブラウザからのリソースの共有……152

第 9 章 ────────────────
アノテーション……159

9-1 アノテーションを授業に組み込む様々な方法……160

9-2 重要な質問：手書きで注釈を付けるのか、タイピングで注釈を付けるのか
……161

第 IV 部
すべてを統合する

第 10 章 ────────────────
同期と非同期のブレンド……179

10-1 授業内容を同期と非同期に分けるにはどうすればいいか……180

10-2 よりいい同期セッションをおこなうためには、
非同期学習をどのように活用すればいいか……184

第**11**章
コミュニティの構築……192

11-1 授業前のコミュニティ構築のための実践……193

11-2 授業中のコミュニティ構築のための実践……195

11-3 授業外でのコミュニティ構築のための実践……200

第**12**章
次のステップ……209

12-1 次のステップ……212

12-2 最後に……219

脚注……221

監訳者あとがき……227

索引……231

装丁・本文デザイン──ヤマダデザイン室

凡例

（1）訳者による補足は〔　〕でくくる。
（2）本文内の［注1］は、脚注にある番号に対応している。
（3）Zoomのキャプチャは日本語版を準備したものもある。ただ、原書の図版をそのまま使っている場合もある。原書の図版を使う場合、必要な文章はすべて翻訳している。

推薦

==　COVIDのパンデミックのため、世界中の小中学校、高校、大学における何百万人もの教師は、自分たちの基本的な指導法を再考することを余儀なくされました。ぼやけた画像と遅延する音声を生成する頼りない電子の流れを介して、私たちはどのように教育し続けることができるのでしょうか。本書は私たちみなの必読書です。ビジネスの分野で最も成果を上げてきた教師の1人であるダン・レヴィ氏は、いまや誰もが入手可能なプラットフォームであるZoomの諸機能（投票、チャット、ブレイクアウト）を駆使して、教育上の多岐にわたる目標を達成するための、きわめて実践的な手引書を書き上げました。本書を読めば、Zoomを使いこなせるという意味で、よりいい教師になれるでしょう。けれども、Zoomに頼る必要がなくなるとき、実際の教室で、さらに優れた教師になれることもまた間違いありません。

アーション・ファン（Archon Fung）

ハーバード大学ウィンスロップ・ラフリン・マコーマック教授、

元ハーバード・ケネディスクール院長

　教師たちの異なる背景や専門性を取り払ってくれたこと、オンライン授業についての議論の中心に学生の経験を据えてくれたことについて、ダン・レヴィ氏に感謝します。COVIDによる突然のオンライン授業への転換は、すさまじい衝撃だったといえましょう。一瞬のうちに、教育現場で学生の理解度を測る方法、豊かで意味のある問題に学生たちをグループで取り組ませる方法、学ぶことを刺激に満ちた心奪われる実践とする方法が、幼稚園や小中高校の教師たちから奪われたのです。レヴィ氏は、学習科学の強力な基礎と、自身や同僚の授業の実例を組み合わせ、学習者中心の学習目標を、再び、私たちの手に届くものにしてくれたのです。そして、そのテクニックは実行可能です！　読みながら「私にもできる」と思いました。第4章では、学生の理解を素早くチェックするために、投票機能を用いる様々な方法が紹介されています。幼稚園、小中高校の教師、教育主任、教育開発者という立場から言わせてもらえれば、高等教育機関の先生方たちは、はたしてどれだけ教育の成果に注意を払っているのだろうかと、私はいつも思っていました。ダンと15年間「おしゃべり」をしてきた私は、彼は成果オタクとも言える人だと断言できます。彼が、この必要不可欠なガイドの執筆に精魂を傾

9

けてくれたことに、感謝の念を禁じえません。いますぐに読んでください。そして、明日、より多くの学生に手を差し伸べてください。

デイブ・メイヤーズ（Dave Meyers）

ティーチャーズ・コネクトCEO兼共同創設者

　オンライン教授法のレベルアップのための実にすばらしい本であり、強く推薦します！

ラッセル・ポルドラック（Russel Poldrack）

スタンフォード大学心理学教授

　本書はきわめて実践的で読みやすく、初心者はオンライン授業をおこなうことがたやすくなるような学習指導上の知識にふれることができ、経験豊富な教師も新鮮な戦略やヒントを得ることができます。ダン・レヴィ氏は、彼自身の教育経験をつまびらかにし、詳細な説明、枠組み、地に足のついた豊富な実践例を提示しています。本書で彼がとるアプローチは、教育者であり同僚である彼の強い献身そのものです。つまり、学ぶことを第一とすれば、効果的な教育法が生まれるというものなのです。

アリソン・ピングリー（Allison Pingree）

ハーバード大学シニア・インストラクショナル・コーチ

　ダン・レヴィ氏の本を数分前に読み終えたばかりです。これはすごい。優れていて、タイムリーです。読みやすく、すぐに使えるテクニックが満載です。教育にも、役員会などでプレゼンをおこなうなど、オンラインで聴衆を引き込む必要がある仕事にも有用です。関連サイトも非常に役に立ちます。南北アメリカのすべての同僚に本書を推薦します。金額に見合った価値があります。

ロドリゴ・ワーグナー（Rodrigo Wagner）

チリ、アドルフォ・イバニェス大学ビジネススクール教授

　タイムリーで、すばらしい本です。最初から最後まで読み、多くの新しいアイデアに出合い、自分自身でおこなった実験について確証を得ることもできました。教授法の哲学は正鵠を射ており、Zoomを使用するにあたっての洞察についても、じっくり読む価値があるものでした。ケースメソッドによる経営戦略コースを35年間教えてきて、この春にZoomで授業をおこなった私だからこそ、そう断言できます。惜しむらくは、そのときに本書を知っ

ていたら！　関連サイトも非常に有用で、コツも数多く掲載されています。

ベン・ゴメス‐カッセレス（Ben Gomes-Casseres）
ブランダイス大学ビジネススクール教授

　中高生をオンライン授業で積極的に学ばせる方法を短期間で身につけたいなら、本書をすぐに読んでください。COVIDによってリモート学習とハイブリッド学習への移行を余儀なくされましたが、ダンのテクニックは、真の意味での授業参加と考え抜かれた活動を通じた生徒自身による学習の核心をついていて、教師が生徒の学びにおけるニーズを理解するのに役立ちます。

アン・コウフマン＝フレデリック（Ann Koufman-Frederick）
ラーン・ローンチ（LearnLaunch）戦略アドバイザー、
元ウォータータウン市教育長

　ハーバード教育大学院の新年度が完全にオンライン授業になるので、この夏、その準備のためにオンライン学習に関する本を何冊か読みました。私はハーバード大学の公開講座も過去10年以上、オンラインで教えています。読んだ本のなかで、本書は飛び抜けていました。とても読みやすく、非常に役に立つし実践的です。ダンの教授法への関心と深い知識が随所に光り、文章は明快で引き込まれ、アイデアは思慮深く価値があるものです。時宜を得た本です！

フェルナンド・ライマース（Fernando Reimers）
ハーバード教育大学院国際教育学実践教授

　本書は私の授業でとても役に立ちました。本書から学んだ成果として多くのことを実践してみましたが、そのうちの2つをここに記します。1つ目は、学生のリストを作成して、発言した学生にチェックを入れました。それから、参加しない学生をコールドコール（予告なしに学生を指名すること）しました。全員に話させることはできませんでしたが、こうしないかぎり発言しない学生に話してもらうことができました。2つ目は、学生たちに自分の紙にグラフを描かせ、誰かを指名して、カメラに紙を持ち上げて見せてもらいました。全体的にみて、学生の参加度が上がったことはうれしいことでした。本書で気に入っているフレーズは「答えには厳しく、学生には優しく」というものです。

スーザン・カーター（Susan Carter）
陸軍士官学校ウェストポイント准教授

本書がとても気に入っています。私の大学では、私たちの研究科がオンライン授業の先駆的存在であり、教員の研修についても実績があります。しかし、これほど当を得た有用な書籍に出合ったことはありませんでした。多くを学びました。ただ称賛あるのみです。

アレハンドロ・プワレ（Alehandro Poire）

メキシコ、モンテレイ工科大学大学院社会科学政策研究科教授・研究科長

愛情をもって支えてくれる家族へ
いい教師になるよう常に鼓舞してくれる学生たちへ

緒言

　本書を手に取った方は、「ダン・レヴィとは誰だろう。ハーバード大学で統計学を教えている経済学者にオンライン教育の本を書く資格はあるのだろうか。本書を読む価値はあるのだろうか」と思われるかもしれません。もっともな疑問です。そこで私はこれらに全力でお答えしたいと思います。

　私がダンと初めて知り合ったのは2009年、私自身の統計学に関する知識の穴埋めのため、彼の「量的手法と実証分析（Quantitative Methods and Empirical Analysis）」というコースを聴講させてもらったときでした。初日の授業で、私は内容に刺激を受ける以上に、授業に圧倒されました。実に洗練された授業計画でした。熱心に参加する学生たち。深い考察を促す数々の質問。学生を引き込み思考を可視化するためのテクノロジー。ユーモアと喜びを伴った真剣な目的意識。目を見張るものがありました。

　ダンは授業後に私を捕まえて、私が教育学を学んでいると知り、何かフィードバックをもらえないかと尋ねてきました。私は感銘を受けた点を話して、微調整や変更できそうな点をいくつか考えて伝えました。ダンは、毎回こうしたフィードバックをもらえないかと聞き、私は承諾しました。学期を通じて卓越した指導法とは何かについてダンと対話を重ねるうちに、統計学は私にとってすぐに二義的なものとなりました。当時、私はハーバード・ケネディスクール（HKS）でインストラクショナル・コーチを務めていて、いまはハーバード教育大学院（HGSE）に移りましたが、現在に至るまで、ダンと私は教育方法について語り合ってきました。

　卓越した教育方法を定義し識別する方法の1つは、成果物を見ることです。シラバスはよく練られているか。学生や同僚による授業の質についての評価はどうか。学生はどれだけ学んだか。ダンはこのような成果の面で優れています。私は、新任の先生には彼のシラバスを手本の1つとして提示しています。学生たちは常に、ダンの授業に破格の高評価を出しています。履修者60人の必修の統計学のコースでは、「必修」であることと「統計学」という2点が教師には不利な要素ですが、学生全員が総合評価で最高点（5段階評価）をつけたこともありました。あとにも先にも、私はそのような評価を見たことがありません。ダンは、大学院レベル、そして大学レベルで授与される教育に関わる賞をいくつも受賞していて、「インストラクショナル・ムーブ（Instructional Moves）」の看板教師的な存在です。これはハーバード大学で

始められたプロジェクトで、世界中の教育者が高レバレッジの教育実践を取り入れ、より洗練させていくための支援をおこなっています。彼は、HKSで注目を集めている教授法や教育方法学のプロジェクトの長に選出され、アメリカおよび世界各地で教育に関するワークショップを主導してきました。

卓越した教育かどうかを判断するもう1つの方法は、常に改善し続けるというプロセスです。ここで最も重要なのは、教師と学生の目標を設定し、その目標がどれだけ達成されたかを測り、理想と現実のギャップを埋めるためにたゆまぬ努力をするプロセスです。率直に言って、ダンほど絶えず改善することを自らに課している教育者に、私は出会ったことがありません。彼は、学生の授業参加の様子を分析し、学生による授業評価を丁寧に検討し、学生からのコメントを熟読し、教授法の本を読んでいます。教育について同僚と幅広く会話を交わし、学内の数えきれないほどの授業を見学し、同僚が自分の授業にいつ見学にきてもいいとしています。特に重大な教授法上の問題に直面すると、ダンは学問研究のアプローチを教育実践にも応用します。学生に予習させる最善の方法、様々な投票機能を使って学生の意見をうまく引き出す方法、そして試験を単なる学習成果を測る手段ではなく重要な学習体験とするための方法について、ダンは研究し、発表してきました。そして、学生の学びのために新しく得た知見を次々と授業に応用していきます。

ダンはまた、テクノロジーを使った授業にも同様の姿勢で取り組んでいます。彼は、対面授業にハイブリッドな要素を取り入れてきました。個々の学生や学生の参加の仕方を把握する適切なツールが存在しないことに気づき、教師がより効果的かつ包摂的に教える一助となる「ティーチリー（Teachly）」というウェブアプリケーションの開発の共同創設者になりました。本学のオンライン学習についての研究を推進するためのハーバード・デジタルトランスフォーメーション研究委員会（HarvardX Research Committee）という組織では、ダンは教師側の代表として共同委員長の職を先んじて引き受けたこともあり、また、現在はHKSのオンライン教育に関する旗艦プロジェクトの教務ディレクターを務めています。

その後、世界的なパンデミックが発生し、世界と教育の世界がひっくり返ったとはいえ、このようにダンは準備万端だったのです。

ダンは新たに発生した問題に対処し始めました。授業の目標と評価方法を変更するべきか。どのように同期・非同期アプローチのバランスをとるべきか。どんなツールを使うべきか。みんなが各自それぞれのデバイスを使っている状況で、コミュニティと一体感を構築する経験を、どうすれば教師として生み出すことができるか。質を伴った取り組みと知的な厳正さを維持でき

る状況をどのように作れるのか。学生全員のアクセスと公平性の問題にどう対処すべきか。

　ダンはまず、既存文献を調べました。そこから使えそうな多くのヒントを見つけましたが、いくつかの重大な問題点に気づきました。特に、Zoomのような同期型教育ツールを最大限に活用して、効果的な学習体験を引き出す方法については空白なのです。これは無理もないことです。私たちが自由に使えるオンラインツールと、それらを利用する人々の設備は、稲妻のような速さで進化し続けています。

　そこで、ダンはさらに探求し続けました。彼は、毎日のように次々と湧き出てくるかのようなアドバイスコラムやヒントの洪水に目を通し、理解すべく努めました。学内外のオンライン教育の専門家に相談し、新しいアイデアを出し合い、それらを同僚の教師に投げかけました。彼は実験的な試みをおこなったり、様々な方法についてのフィードバックを集めました。学生に話を聞き、いろいろな先生たちがおこなっている方法に対する学生側の意見も聞きました。そして、彼と同僚が、高評価を得ていたエグゼクティブ教育プログラムを短期間で非常に評判がいいオンラインプログラムへ生まれ変わらせたときに、この本を書こうというアイデアが生まれたのです。彼は「Zoomのようなツールを使ってうまく教えたいと思っている多忙な教師のために、1冊ですべてがわかるような本が必要とされているのに、そういうものがない。だから私が書いて、人の役に立てるように頑張らなくてはと思う」と私に話しました。

　彼のコミットメントの成果とそれに続くすべての労力の結果が、この指南書につながりました。本書は、ダンの教育への姿勢を体現したものです。何よりもまず学びに焦点を当てること。目標を決めて、そこから逆向きに設計すること。全体像と同時に細部にも注意を払うこと。教師たちが自由に使えるツールを拡張し、いつどのように使用するかを見極めるのを支援することで、教えることを職業と見なすこと。文脈やそれらがもつ意味の多様さを熟考すること。学生が熱中でき、クラスの一員であると感じ、やる気をもつように全力を尽くすこと。

　高等教育の教師たちが現場での仕事を改善できるよう、手助けすることを使命としてきた私は、本書を同僚たちと共有できることに興奮の気持ちを抑えきれません。かつて中学や高校で教えていた者として、そして中学校のインストラクショナル・コーチと結婚している者として、本書のアイデアが幼稚園から高校までの教育関係者にも価値をもつであろうと気持ちが高まるのです。ダンの統計学の授業の観察者および思考のパートナーとして、彼の洞

察力、好奇心、人間性にふれながら私が受け取った贈り物が、今度はみなさんにも手渡されるのです。みなさんも私と同様に、恩恵を受けることを願っていますし、そうなることを信じています。

ジョシュ・ブッキン（Josh Bookin）
教育支援・開発部アソシエイト・ディレクター
ハーバード教育大学院

序文

　2020年初頭、新型コロナウイルス感染症（COVID-19）のために、世界中の多くの大学や学校が閉鎖され、多くの教育現場では教師たちが急遽、オンラインで教える方法を学ばなければなりませんでした。それ以来、私たち教師がどのようにライブのオンラインセッションを教えるべきか、また、関連するテクノロジーの様々な機能をどのように習得すべきかについて、多くのことが書かれてきました。オンラインで教えるときに、パソコン画面にどのようにウィンドウを設定したらいいか。チャットの機能を使用すべきか。ブレイクアウトルームを使用するのか。使用するならば、どのように使用するのか。私たちの多くにとって圧倒されるような経験で、麻痺するような感覚に見舞われるほどでした。

　本書は、教育者が一歩下がって、この混沌とした状況を整理する一助となることを目的としています。私や同僚の何人かに役立ったいくつかの有用な教育上の原則や実践例を提供し、みなさんのオンライン教育のスキルを磨く旅の道標となることを願っています。本書のアイデアをすぐに実践できるように、Zoomでよく使う機能を図解したスクリーンショットを掲載しました。しかし、テクノロジーは急速に進化しているので、これらの機能のいくつかの実践方法（動画やスクリーンキャストへのリンクを含む）は、書籍よりも迅速に更新できる関連サイト（https://www.teachingeffectivelywithzoom.com/）に記載されています。関連サイトには、読み物やチェックリストといった補足資料へのリンクもあります。

　オンライン授業が初めての方もベテランの方も、本書に何らかの価値を見いだしてくださるよう願っています。オンライン授業が初めての方なら、いくつかのアイデアを選んで試し、そのうちに、あなた自身の経験を通じてほかのアイデアと合わせて実験していただければと思います。また、本書によってあなたが重要なことに集中しやすくなり、オンライン授業の教え方を学ぼうとする取り組みのための見取り図を得られればと思います。最初のアドバイスは、机の上のモニターの配置に悩んだり、Zoomのウィンドウをどのように設定するかいろいろ考えたり、マイクをどこに置くべきか実験するために、15時間も費やさないことです。有効な時間の使い方とは言えません。これは自戒を込めて書いています！　もし、あなたがオンライン授業のベテランであれば、本書にあるいくつかのメタ・アドバイスが役立ち、そし

て、あなたが十分に工夫してきた方法をさらに改良できるようなヒントがいくつかあることを願っています。

　本書は、私自身のオンライン授業の経験、同僚たちのオンライン授業の観察、効果的な教育と学習についての研究に基づく原則、そしておそらく同じくらい重要な、オンラインでの学習に適応しなければならなかった数十人の学生へのインタビューに基づいています。

　本書の初版が好意的に受け入れられたのはとても幸運でした。この第2版は、初版に対して世界中の教育者が寄せてくれたフィードバックやヒント、様々な反応から学んだことに多大な恩恵を被っています。また、私が主催したZoomを効果的に使うオンライン授業のワークショップに出席し、初版のアイデアのなかで、どのアイデアが広く適用可能で、どのアイデアが文脈に依存しているかを私に示してくださった教育者のみなさんにとりわけ感謝します。

　第2版の主な変更点は、3つのカテゴリーに分けられます。第1は、私たち教師がオンライン教育に移行してからさらに時間が経過したため、世界中の教育者たちから、このような状況下で学生たちの学びを深めるためのより創造的なアイデアが次々生まれたことです。第2は、第2版には、初版が出版されたあとに追加されたZoomのアップデートや新機能によって可能となった教育方法が記載されていることです。特筆すべきは、いまのZoomでは、学生がブレイクアウトルームを自分で移動でき、そのため新たな興味深い可能性が広がりました。第3は、実際の教育者たちの革新的な実践を紹介する「実践篇」に現れているように、第2版には広範囲な教師たちのアイデアが含まれていることです。

　本書は誰に向けられたものでしょうか。私は大学で教えているので、大学で授業を担当している人々（教員、講師、研修担当者、授業補助者など）ということになります。けれども、私の娘たちがこの1年間にZoomの授業を受けているのを目の当たりにし、初版の出版以降、教育方法のワークショップを通じて幼稚園から高校の先生たちと親交を深めてきた結果、幼稚園から高校の教師（特に小学校3年生以上）もまた、本書から得るものがあるはずだと確信しています。

　教育上の原則や実践に焦点を当てていることから、本書の教訓の多くはポストコロナの世界（おそらく過去よりはオンライン授業が多くなっているでしょう）でも重要性をもちうるでしょうし、場合によっては対面授業にも役立つものもあるでしょう。私の望みは、将来、私たちがオンラインと対面授業をより効果的に組み合わせることができるようになり、本書がそのために役に立つ

ことです。

　本書の主な焦点は、オンラインで効果的なライブ授業をおこなう方法についてです。ライブのオンライン授業とは教師と学生が同じ時間帯に活動をともにする同期型のことですが、これは、授業の前後に課題や活動をおこなう非同期型を含めた、オンライン教育の大きなエコシステムの一部にすぎないことは確かです。実際に、同期・非同期の両方の側面を組み合わせ、それぞれの利点を活用したときにオンライン授業は最大限の成果を生むと私は強く信じています（第10章を参照してください）。オンライン授業に関する一般的な参考書はすでにたくさんありますが、いま、最も必要とされているのは、学生にとってかけがえのない学習体験となるようなライブのオンラインセッションを効果的に設計し、実施する方法についての手引書でしょう。

　なぜZoomなのでしょうか。目下のところ、Zoomはかなり普及しているプラットフォームです。それゆえに、本書のアドバイスが具体性をもち実用的となります。とはいえ、本書のアドバイスの多くは、むろん、Google Meet、Microsoft Teams、Webex、BigBlueButton など、ライブのオンライン授業で使われているほかのプラットフォームにも当てはまります。

　本書の構成は以下のとおりです。第Ⅰ部では、みなさんのオンライン教育の旅の指針となるように、重要かつ全体に関わる原則を紹介し、その概要を説明します。第Ⅱ部では、学生がライブのオンライン授業に取り組む方法（話す、投票する、書く、グループワーク、共有する）と、それに関連するZoomの機能を説明します。第Ⅲ部では、教師であるみなさんが、ライブのオンライン授業を教える側として取り組む方法と、そのためのZoomの機能を説明します。中心になるのは、プレゼンテーション（スライドやその他の機能など）とアノテーション（注釈）の仕方です。最初に学生の関わり方を示し、それから教師の関わり方へ論を移すという順序は、意図的なものです。学生が第一であるという本書の主張および私の教育信条を反映しているのです。また、授業中に学生が何をするかではなく、自分たちが何をするかを考えることに時間の大半を費やしてしまうという、教師にありがちな傾向に歯止めをかけるのにも役立ちます。第Ⅳ部は、みなさんが学んだいくつかの事柄を広い文脈で整理し、関連づけることを目的としています。

　過去数年、私の教育方法に影響を与えた教育や学習についての書籍がありますが、特にそのうちの2冊を紹介します。デレク・ブラフ（Derek Bruff）の *Teaching with Classroom Response Systems*（2009年）とジム・ラング（Jim Lang）の *Small Teaching: Everyday Lessons from the Science of Learning*（2016年）です［注＊］。これらの本を読んでいる間、私は頭のなかで彼らのアイデアを

授業で応用したり、改良したり、微調整したりする方法を考えだしていました。それはすばらしい経験でした。本書を読んでいるみなさんの経験もそのようなものになればと思います。みなさんのオンライン教育に利用できそうな多くの着想が生まれますように。

　もし本書をきっかけとして、オンライン教育であなたの学生を授業に引き込み、よりよき学びに導くことができるような、興味深く刺激的な実践につながれば、ぜひ、ご一報ください。それこそが、私にとって望外の喜びです。

ダン・レヴィ　（Dan Levy）
マサチューセッツ州ケンブリッジ
2020年12月

謝辞

　本書の完成を支えてくれた多くの方々に感謝を捧げます。とりわけ以下の5人は特筆に値します。まず、友人かつ同僚でありハーバード・ビジネス・スクール教授のマイク・トッフェル（Mike Toffel）。本書のすべての章について洞察力に富んだフィードバックをくれ、私の思考を研ぎ澄まし、執筆のプロセス全体をとおして様々な形でサポートしてくれました。次に、私の学生であるルース・ヒュッテ（Ruth Hütte）。このプロジェクトに心血を注いでくれ、できるだけ多くの教育者が本書にアクセスできるようにするための出版プロセスを考え出すなど、多くの点で貢献してくれました。第3に、優秀で注意深い編集者であるヤミル・ネスララ（Yamile Nesrala）。編集者の通常の職務を超えて、このプロジェクトのパートナーとなってくれました。第4に、同僚であり友人でもあり、効果的に教えるためにテクノロジーを使うことでは右に出る者がいないテディ・スヴォロノス（Teddy Svoronos）。執筆中の私からの多くの質問に、親切に辛抱強く答えてくれました。最後になりますが、ヴィクトリア・バーナム（Victoria Barnum）。関連サイトの制作に尽力し、私が執筆に必要な時間を確保できるようにしてくれました。

　オンライン教育の実践から学ばせてくれたすべての教育者たちに感謝します。彼らは、授業の様子を見学させてくれたり、話し合いの機会をもってくれたり、オンライン授業を効果的に教えるためのヒントを提供してくれました。Chris Avery, Cecilia Cancino, Carrie Conaway, Leonor Daley, Jack Donahue, David Eaves, Can Erbil, Terry Fisher, John Friedman, Marshall Ganz, Jim Honan, Deborah Hughes Hallett, Gary King, Dutch Leonard, Jennifer Lerner, Zoe Marks, Rebecca Nesson, Rem Koning, Shoshanna Kostant, Kathy Pham, Eduardo Rojas, Allison Shapira, Mark Shepard, Rob Stavins, Teddy Svoronos, Mitch Weiss, Julie Wilson. このうち何人かは、本書の「実践篇」に登場します。

　私の教育観に影響を与えた多くの同僚にも感謝します。Alberto Abadie, Bharat Anand, Matt Andrews, Arthur Applbaum, Chris Avery, Mary Jo Bane, Matt Baum, Erin Baumann, Bob Behn, Joe Blitzstein, Iris Bohnet, Derek Bok, Peter Bol, Josh Bookin, Jonathan Borck, Dana Born, Matt Bunn, Sebastian Bustos, Filipe Campante, Gonzalo Chavez, Suzanne Cooper, Anjani Datla, Jorrit de Jong, Akash Deep, Pinar Dogan, Jack Donahue,

Susan Dynarski, Erin Driver-Linn, Greg Duncan, David Ellwood, Doug El-mendorf, Willis Emmons, Mark Fagan, Carol Finney, Maria Flanagan, Jeff Frankel, John Friedman, Archon Fung, Alan Garber, Patricia Garcia-Rios, Rachel Glennerster, Steve Goldsmith, Tony Gomez-Ibañez, Josh Goodman, Merilee Grindle, John Haigh, Sarah Hamma, Rema Hanna, Frank Hart-mann, Ricardo Hausmann, Ron Heifetz, Gonzalo Hernández Licona, Dave Hirsh, Andrew Ho, Daniel Hojman, Jim Honan, Kessely Hong, Deborah Hughes Hallett, Anders Jensen, Doug Johnson, Tom Kane, Felipe Kast, Steve Kelman, Alex Keyssar, Adnan Khan, Asim Khwaja, David King, Gary King, Mae Klinger, Steve Kosack, Maciej Kotowski, Michael Kremer, Robert Lawrence, Henry Lee, Dutch Leonard, Jennifer Lerner, Jeff Liebman, Dick Light, Rob Lue, Erzo Luttmer, David Malan, Brian Mandell, Jane Mans-bridge, Tarek Masoud, Janina Matuszeski, Quinton Mayne, Eric Mazur, Tim McCarthy, David Meyers, Matt Miller, Nolan Miller, Francisco Monal-di, Mark Moore, José Ramón Morales, Juan Nagel, Angelica Natera, Tim O'Brien, Rohini Pande, Tom Patterson, Allison Pingree, Roger Porter, Sa-mantha Power, Lant Pritchett, Todd Rakoff, Fernando Reimers, Hannah Ri-ley-Bowles, Juan Riveros, Chris Robert, Chris Robichaud, Dani Rodrik, Todd Rogers, Lori Rogers-Stokes, Eric Rosenbach, Jay Rosengard, Soroush Saghafian, Tony Saich, Miguel Angel Santos, Jeff Seglin, Kathryn Sikkink, Judy Singer, Malcolm Sparrow, Rob Stavins, Guy Stuart, Federico Sturzenegger, Arvind Subramanian, Karti Subramanian, Moshik Temkin, Dustin Tingley, Tamara Tiska, Rodrigo Wagner, Jim Waldo, Steve Walt, Michael Walton, Lee Warren, Rob Wilkinson, Julie Wilson, Carolyn Wood, Michael Woolcock, Josh Yardley, Andrés Zahler, David Zavaleta, Richard Zeckhauser, Pete Zimmerman.

多くの学生たちも本書に貴重な洞察を寄せてくれました。Diego Auvert, Nicole Carpentier, Roukaya El Houda, Jossie Fahsbender, Maria Fayos Her-rera, Alex Foley, David Franklin, Sophie Gardiner, Catri Greppi, Fatine Guedira, Varun Gupta, Anastacia Kay, Casey Kearney, Chris Kranzinger, Shiro Kuriwaki, Julia Liniado, Megan Linquiti, Zainab Raji, Eki Ramadhan, Alicia Sikiric, Racceb Taddesse, Jiawen Tang, Montse Trujillo, Beatriz Vas-concellos, Hannah Wang. そして、私が主催した研究会や非公式な集まりに参加してくれた多くの学生たちにも感謝します。彼らの視点、洞察、率直さが、私の見方や考え方を作り上げたといっても過言ではありません。

研究、助言、洞察、重要な情報へのアクセス、励ましで私を助けてくれた人々にも感謝します。Manuel Alcalá, James Brockman, Piet Cohen, Kate Hamilton, Andy Levi, Horace Ling, Vanessa Levy, Anne Margulies, Maddie Meister, David Meyers, Anna Shanley, Maya Shaughnessy, Kristin Sullivan, Ian Tosh.

最後に、ジョシュ・ブッキン（Josh Bookin）、アリソン・ピングリー（Allison Pingree）、キャロリン・ウッド（Carolyn Wood）に、教師としての私を形作ってくれたこと、この10年間、様々な形で私をサポートしてくれたこと、本書の執筆のプロセス全体をとおして助けてくれたこと、そして、最初に私がこの本を書きたいが世界の役に立つためには1カ月で書き終えなくてはならないと話したときに「クレイジーだ」と言わなかったことに、とても感謝しています。

日本語版への序文

　本書の初版を英語で執筆したとき、私は幅広い教育者の役に立つことを願っていました。しかし、グローバルな読者を念頭に置いて書いたとはいえ、私の所属機関（ハーバード大学）や本書で取り上げた多くの革新的な実践がおこなわれたほかの機関の状況とは大きく異なる環境で働く教育者に響くのかどうか、私には確信がもてませんでした。

　初版の出版から数週間後、私は、イギリスの大学院機関、チリの大学コンソーシアム、ベネズエラのK-12（幼稚園から高校まで）の教師協会など、様々な環境で効果的なオンラインセッションの教え方について講演やワークショップをおこなうよう依頼されました。その後、本書はスペイン語とハンガリー語で翻訳が出版され、最近になって英語で第2版が出版されました。

　東洋大学の川瀬晃弘教授から、本書の日本語訳に興味があるとのメールを受け取ったとき、私は感激しました。晃弘は、日本がOECD諸国のなかでもオンライン教育の普及に遅れをとっていることを懸念していて、何とかしたいと考えていました。彼は「世界的にオンライン教育が普及していくなかで日本の学生が取り残されてしまうのではないかと心配していて、本書の内容を多くの日本の教育者と共有することはとても有益だと確信しています」と言ってくれました。私はこのとき、この取り組みにすばらしいパートナーがいることを知りました。彼は、本書の第2版の翻訳に迅速かつ専門的に協力してくれる同僚を募り、日本の教育者が本書を利用できるようにすることを約束してくれる出版社（青弓社）を見つけてくれました。

　あなたがいま手にしている本書は、こうした努力の成果なのです。本書で提供されているアドバイスのすべてがあなたに当てはまるわけではないことは承知していますが、私の希望は、私や同僚の何人かに役立った有用な教育上の原則や実践を提供することです。そして、本書がオンライン教育のスキルを磨くあなたの旅の道標となることを願っています。

　また本書が、何が重要なのかに焦点を当てることを可能にし、困難な環境のなかでオンラインでより効果的に教えるためのロードマップになることを願っています。本書によってあなたがこれらを達成できれば、喜ばしく光栄に思います！

ダン・レヴィ

マサチューセッツ州ケンブリッジ

2021年3月

第1部
キーアイデア

　第Ⅰ部では、本書の大枠を提供します。第1章「はじめに」では、本書について紹介します。そこでは、本書の内容、主要な情報源、アプローチ、本書の構成、そしてZoomを始める方法について説明します。第2章「指導上の原則」では、教育上の主要な原則を紹介します。それは、本書で提供する教育実践とアドバイスの多くの根底をなすものです。

第1章

はじめに

　本書の読者のほとんどは、オンラインで教えることを選択したわけではありません。私たちの多くは、新型コロナウイルス感染症（COVID-19）によってオンラインで教えることを余儀なくされました。本書を読み終えるころには、みなさんがオンラインでの教え方を改善するスキルを身につけ、対面よりもオンラインのほうがうまくできる場合もあることに理解が得られることを願っています。しかし、まず私たち教育者の多くが実際の教室での授業からバーチャルな教室での授業へと移行する際に経験した深い喪失感を認めることから、本書を始めましょう。

　対面で授業をするという経験は、とても人間的なものです。授業が始まる前に、近くにいる学生とおしゃべりをしたり、教室に入ってきたほかの学生を温かく迎えたり、疲れているような、あるいは悲しそうな学生に気づいて様子を見にいったり、学生が立ち寄って週末に起きたことで授業を思い出したことを話してもらったり、などです。教室に入ってきた学生たちは、互いに挨拶して、座って、周りの学生と話し始めます。笑いや喜びを見るのは珍しくありませんし、ときには涙を見たりすることもあります。教室のなかではエネルギーを感じることができます。それは高いときもあれば低いときもありますが、とにかくエネルギーを感じることができるのです。

　実際の教室で授業が始まると、教師であるあなたは何かを提示したり説明したりしはじめるかもしれません。そして、物理的に同じ空間に学生と一緒にいることで、自由に使える地理的空間と学習コミュニティの境界線の両方を明確にすることができるということを当然のことと思っているでしょう。部屋の後ろに座っているマリアがこの1週間は大変だったことを知っているので、今日はいつもと違うやり方で授業に参加してもらおうとするかもしれません。授業が進むにつれて、あなたの右手に座っているパットが数分前に述べた見解にも言及することができます。また、部屋のなかを歩き回って、言語と非言語の両方を使って学生とコミュニケーションをとることができま

す。ジョンがいまやっていることをやめてほしいときは、（あなたのスタイルにもよりますが）穏やかな笑顔もしくは厳しい表情でジョンに近づくでしょう。ジョンは、あなたがほかの誰でもなく彼を見ていることに気づくでしょう。授業が進むにつれて、学生たちは教師と、そして学生同士で、互いに自然で人間的な方法で交流していきます。彼らは何か面白いことで笑うかもしれませんし、部屋にいる誰もがその笑い声を聞くでしょう。そして、もちろん、学生はあなたがいやがるような方法で授業を中断させたり混乱させたりすることもあるかもしれません。しかし、それは人間としての経験であり、集団で集まったときに経験するものと多くの点で似ています。教室で、ライブで起こっていることに対する反応を自発的に示すために、誰もが自分でミュートを解除したり、ボタンをクリックしたりする必要はありません。

　授業が終わってもう少し教室に残っていると、何人かの学生がきて、質問したり、コメントしたり、さよならを言ったりしてくれるかもしれません。部屋を出るときには、1人か2人の同僚にばったり会って、互いに情報交換することもあります。

　この10年間で技術的には目覚ましい進歩を遂げてきたにもかかわらず、いまオンラインでライブ授業をするという体験は、非常に奇異に感じられます。実際の教室が、コンピューター画面の上に平板化されたようです。複数の学生がいる場合、彼らはだいたい自分のマイクをミュートして、クラスで話すときだけミュートを解除します。会話が不自然に感じられます。部屋のなかでの自然な笑い声が聞こえてこないのです。そして、あなたがよかれと思ってやっているにもかかわらず、学生は、あなたが自分を見ていて、そして自分だけを見ていると感じることができません。

　そのため、多くの教育者や教育指導者は、オンライン学習によってもたらされる好機を見いだすよう私たちに勧めるかもしれませんが、私は、まずその喪失を認めずにこれをおこなうことは難しいと思います。

　もう一つ認識しておきたいのは、学生たちが経験している喪失です。繰り返しになりますが、彼らの多くはオンライン学習を選択したわけではありません。学生は私たち教師の多くよりもデジタル技術に精通しているかもしれませんが、前述したようなことやそれ以上のものを失うことになります。互いに交流することや、充実した教育に不可欠な自然なつながりを失うことになります。

　そこで、本書を読み進める前の最初のアドバイスは、これらの喪失と、それらが特にあなたにとって何を意味するのかを考えるため、しばらくの間、立ち止まってほしいのです。そうすることで、あなたがオンライン教育で進

めたい価値観が明確になり、その挑戦を受け入れるためによりいい立場をとることができるようになります。それはまた、本書を読むことを、より生産的で楽しいものにしてくれるでしょう。

本書の内容

　本書は、Zoom を使って学生に効果的なライブのオンラインセッションを教えるための手助けをすることを目的にしています。オンラインで教えることを選択した人にも、校舎閉鎖のためにオンラインで教えることを余儀なくされた人にも、本書がリモート授業で効果的に教える方法についてのガイダンスやアイデアを提供できることを願っています。本書にはたくさんのアドバイスがあるので、圧倒されてしまうかもしれません。それに加えて、習得すべき技術の量も増えています。本書を執筆した私の目標の一つは、あなたが重要なことに集中できるようにすることです。あなたに与えられた時間は限られています。Zoom を使って教える方法を Google で検索して、数えきれないほどの時間を費やすことはできません。私はこの現実を念頭に置いて本書を執筆しました。

　本書は、オンラインでライブセッションを教えるために Zoom でできることすべてを網羅したガイドではなく、限られた時間のなかでどこに注意を集中すべきかについてのガイドです。最も大事なことは、結局のところ、あなたは学生が学ぶのを助けるためにそこにいるということです。それはとてもシンプルなことです。テクノロジーは単なる手段にすぎません。この目標に集中するためには、技術を多少はマスターする必要があります。しかし、Zoom マスターになる必要はありません。

　本書では、私や同僚の何人かに役立ったいくつかの教育上の原則と実践に焦点を当てています。これらが、あなたがオンライン教育のスキルを身につけるうえで役に立つことを願っています。私は「オンライン教育のスキルを身につける」という言葉を意図的に使っています。これは、準備と実践を重ねることで上達していくプロセスだと考えてください。あなたが仕事のほかの面でやっているのと同じことです。

　要するに、本書を執筆した私の目標は、読者にいくつかのアイデアを与え、力を与え、最終的には Zoom を使って効果的に教えられるようになることです。読者を圧倒したり、Zoom の専門家になってもらおうとしたりすることではありません。

本書にないもの

　本書は、一般的なオンライン学習に関する本ではありません。私は、ライブ授業はオンライン教育という大きなエコシステムの一部にすぎないと認識しています。そして、最高のオンライン教育は、同期と非同期のアプローチを組み合わせて、それぞれの比較優位性を活用したときに実現すると信じています。実際、第10章「同期と非同期のブレンド」では、学生が自分の時間に学習できるように、オンラインのライブ授業をほかの教材（例えば、オンライン・モジュール、動画、小テスト、リーディング課題など）と統合する方法について説明しています。オンラインで教えるための優れた一般的な参考文献は数多くあります［注1］。しかし、いま最も必要とされているのは、学生にとって魅力的な学習体験になるライブのオンライン授業を効果的に設計し、実施する方法についてのガイダンスだと感じています。

本書のベースになっているもの

　本書は、私自身のオンライン教育の経験、オンラインで教えている数人の同僚の観察、効果的な教育と学習の研究に基づく原則、本書の初版に対して読者から寄せられた助言、そしておそらく同じくらい重要なこととして、オンライン学習に適応しなければならなかった数十人の学生へのインタビューに基づいています。

　本書で推奨しているアプローチや実践の多くは、効果的な教育と学習の研究に基づいた原則に裏打ちされていますが、これらの原則や研究成果の説明には焦点を当てていません。もし、それらに興味があるならば、巻末に掲載している文献リストのなかから興味をそそるものを探ってみることを勧めます。また、学習科学の基礎になる研究基盤についてもっと知りたいときには、以下の本も参考になるかもしれません。

- National Research Council (2000). *How people learn: Brain, mind, experience, and school.* The National Academies Press（米国学術研究推進会議編著、ジョン・ブランスフォード／アン・ブラウン／ロドニー・クッキング『授業を変える——認知心理学のさらなる挑戦』森敏昭／秋田喜代美監訳、21世紀

の認知心理学を創る会訳、北大路書房、2002年）．

- Ambrose, S. A., Bridges, M. W., DiPietro, M., Lovett, M. C., & Norman, M. K. (2010). *How learning works: 7 research-based principles for smart teaching.* Jossey-Bass（スーザン・A・アンブローズ／マイケル・W・ブリッジズ／ミケーレ・ディピエトロ／マーシャ・C・ラベット／マリー・K・ノーマン『大学における「学びの場」づくり——よりよいティーチングのための7つの原理』栗田佳代子訳、玉川大学出版部、2014年）．
- Brown, P. C., Roediger, H. L., & McDaniel, M. A. (2014). *Make it stick: The science of successful learning.* Belknap Press: An Imprint of Harvard University Press（ピーター・ブラウン／ヘンリー・ローディガー／マーク・マクダニエル『使える脳の鍛え方——成功する学習の科学』依田卓巳訳、NTT出版、2016年）．
- Mayer, R. E. (2020). *Multimedia learning* (3rd ed.). Cambridge University Press.

本書のアプローチ

　本書は実践的な内容になっています。本書を通じて、読者にライブのオンライン授業で使える具体的なアイデアを身につけてほしいと思っています。Zoomでいくつかの重要な作業を実施する方法を説明するために、スクリーンショットを掲載しています。しかし、テクノロジーはまだ急速に進化しているため、これらの実践方法の一部は関連サイト（https://www.teachingeffectivelywithzoom.com/）に掲載していて、書籍よりも早く更新できるようになっています。また、関連サイトを利用して、自分の実践を共有したり、ほかの読者が共有しているものを確認したりしてください。本書の次の版では、「実践篇」（表1-1を参照してください）にあるような読者からの実践を特集したいと考えています。

本書の構成

　あなたの学習をしっかりサポートするために、本書の各章には次のようなセクションがあります。

表1-1 ●各章のセクション

タイトル		目標
実践篇		実際の教育者が、Zoomを使って効果的に教えるための革新的な実践をどのようにおこなったかを説明します。
チェックリスト		その章のアイデアを実行するために必要な具体的なステップを記した代表的なチェックリストを提供します。編集可能なバージョンのチェックリストは関連サイトにありますので、それを利用すれば好きなように作り替えることができます。
技術的なヒント		その章のより技術的な側面に関するヒントを提供します。
章のまとめ		その章の主要なポイントをまとめています。

状況の重要性

　あらゆる機関の教育関係者がZoomを使ってよりよく教えるのに役立つように、本書を執筆しました。そのなかで、私は制度的な状況の違いを認識するように努めました。みなさんのなかには、相談に乗ってくれる情報システム部門、指導してくれるティーチングコーチ、デジタル・アクセシビリティ・ガイドライン〔ウェブのコンテンツを様々な障害がある人にも使いやすいようにするためのガイドラインのこと〕を満たすためのリソース、そして支援してくれるティーチングアシスタント（TA）がいる人もいるでしょう。他方、Zoomのアカウントをもっているだけで、ほとんど自分で物事を処理しなければならない人もいます。さらに、多くの学生が静かな場所からノートパソコンを使って動画でオンラインライブ授業に接続できると期待できる人もいれば、電話で断続的にしか接続できない学生を教える人もいるでしょう。本書は、あなたの状況がどうであれ、教えるための貴重なアイデアを得ることができるような方法で書こうとしましたが、状況が重要であり、そして、これらのアイデアのいくつかを所属機関の設定に合わせて調整したり適応させたりする必要があることを認識しています。私の目標は、あなたのティーチングを改善するのに役立つアイデアを見つけていただくことです。

セキュリティ

　Zoom に関係する一連のセキュリティ事件が、ここ数カ月にわたって発生しました。その多くは、「Zoom 爆撃（Zoom-bombing）」（招かれざる者がZoomミーティングに参加し、通常は会議を妨害しようとする）として知られるようになった行為です。Zoom は、より安全なデフォルトを提供し、ホストとして潜在的な混乱を防ぐために多くのことを実行できるようにすることで、プラットフォームのセキュリティを改善するために多くの措置を講じてきました。さらに、あなたの所属機関では、セキュリティを高めるために、アカウントにZoom のデフォルト（パスワードで保護されたミーティングなど）を設定している可能性が高いでしょう。それでもやはり、最近ではZoom を使ってミーティングをおこなう人は誰もが、セキュリティ上の懸念に注意しなければなりません。少なくとも、Zoom のメインツールバーの［セキュリティ］オプションをよく理解しておくことを勧めます。そうすることで、授業中にトラブルに遭遇しても、すぐに対処できるでしょう。セキュリティ関連の問題は、急速に進展する可能性が高いので、書籍よりも早く更新できる関連サイトで扱うことにしました。

本書の読み方

　本書は、論理的なつながりがあるため、順番に読んでいくことを意図しています。しかし、各章はかなり自己完結的なので、特に興味がある章があれば、飛ばして読むこともできます。私からのアドバイスは、読む順番に関係なく、近くにノート（紙でも電子でも）を置いて、試してみたい本のアイデアや、読んでいるときに思いついた本にはないアイデア、試してみたいと思ったことを書き留めるようにすることです。そうしないと、これらのアイデアは簡単に忘れてしまうでしょう。本書を読み終えたら、メモしたアイデアを見直して、あなたが最も追求したいものはどれかを確認してみることができるでしょう。オンライン学習に不慣れな場合は、数週間教えたあとに、本書のいくつかのセクションを再読したい（またはざっと目を通したい）と思うかもしれません。そのころのほうが、新しい視点をもち、いくつかの新しいアプローチを試す準備ができていることでしょう。

Zoom入門

　本書は、いくつかのZoomミーティングに参加し、基本的なZoomのインターフェイスにある程度慣れている読者を想定しています。特に、Zoomのメインツールバー（図1-1を参照してください）にある［ホストコントロール］に慣れていること、そして、ほかの人が参加できるようにZoomでミーティングを設定する方法を知っていることが重要です。もしZoomのこれらの側面に慣れていないのであれば、本書の関連サイトにある紹介動画をチェックしてみてください。

図1-1 ● Zoomのメインツールバー（メインアイテムだけ）

Zoom設定の微調整

　Zoomには変更可能な多くの設定があり、いくつかの機能を利用可能にしたり、いくつかの機能のデフォルトを変更したりすることができます。どの機能が利用可能で、どの機能がデフォルトで設定されているかは、あなたの所属機関の設定によって異なる場合があります。本書で紹介するアドバイスを最大限に活用するには、Zoomの設定を変更して、Zoomのメインツールバーで一部の機能が利用可能になるようにしたり、デフォルトの設定があなたの好みと一致するようにしたりすることが必要な場合があります。いくつかの章の「技術的なヒント」では、これらを変更する方法についてのガイダンスを提供していますが、詳しい説明は関連サイトを参照してください。図1-2は、投票やブレイクアウトルームなどの追加機能を備えたZoomツールバーの一例で、それぞれ第4章「投票」と第6章「グループワーク」で説明します。あなたの現在のZoomバーは、必ずしもこれと同じではないかもしれません。

図1-2 ● Zoomのメインツールバー（アイテムのフルセット）

Zoomウィンドウの整理

　Zoomには多くのウィンドウと可能なビューがあり、ライブ授業を教える
のに役立つ多くの情報を提供してくれますが、ときには管理が難しくなるこ
ともあります。以下に、学生、参加者リスト、チャットウィンドウ、Zoom
のメインツールバーを表示する2つの典型的なビューを示します。第1はギ
ャラリービュー（一度に見ることができる学生の数を最大化します）で学生を表示
し、第2はスピーカービュー（話している学生が大きく表示されます）で学生を表
示します。あなたが選ぶビューは、個人的な好み、モニターのサイズと数、
あなたにとって最も重要な機能、そしてそのときにおこなっている活動（例
えば、スライドの共有、ディスカッションの主導、など）に依存します。最適なセッ
トアップを見つける唯一の方法は、実験して練習することだと思いますが、
教えている間に多くの学生を見ることができるということは、おそらくセッ
トアップの重要な部分ではないでしょうか。

図1-3 ●［ギャラリービュー］でのZoomウィンドウの配置
注：この写真に登場することに同意した学生たち

図1-4 ●［スピーカービュー］でのZoomウィンドウの配置
注：この写真に登場することに同意した学生たち

　Zoomが一つの画面に表示できる学生のサムネイルの最大数は、お使いの
コンピューターのプロセッサによって異なります。参加者がこの最大数を超
えると、Zoomは左右の矢印を表示するので、ほかの学生を見ることができ
る追加のページに移動できます。

必要な機器

　Zoomで効果的に教えるためにはどのような機器が必要なのか、という質
問をするのは当然のことかもしれません。答えは、あなたの好みと利用可能
なリソースによります。しかし、次のリストで、役立ちそうな機器を紹介
し、各機器の重要度も示してみます。

表1-2 ●必要な機器

機器		注意事項	重要性
コンピューター		理想的なデバイスは、デスクトップまたはノートパソコンです。純粋なタブレット（iPadなど）は、注釈を付けるデバイスとしてはいいですが、Zoomで授業を運営するには理想的ではありません。	非常に高い
よいインターネット接続		理想的なのは、イーサネット接続です。そうでない場合は、適度に高速で安定したWi-Fi接続が必要です。	非常に高い
学生の発言に注釈を付けるデバイス（黒板、フリップチャート、書画カメラ、タブレットなど）		教育上の理由から、これは有用です。詳細は第9章を参照して、選択の参考にしてください。	高
ヘッドフォン		できるだけ正確に聞き取るために重要です。必要に応じて、マイクと組み合わせることもできます（下記を参照してください）。	高
マイク		マイクをどれだけ必要とするかは、現在のものがどれだけいいかによります。	中
セカンドモニター		一つの画面で学生を見て、もう一つの画面で他の資料（スライドなど）を見ることができるので、とても便利です。	中
ビデオカメラ		パソコンに付属しているビデオカメラは、あまり高画質ではない傾向があります。予算にもよりますが、投資する価値があるかもしれません。スマートフォンのカメラを利用するのもいいでしょう。	低
照明		現在の設定でどのくらい明るいかにもよりますが、学生があなたのことをよく見るために追加の照明器具があると便利かもしれません。	低

*Zoomには、ギャラリービュー、スピーカービュー、共有画面、チャット、参加者を別ウィンドウで表示することを可能にする［デュアルモニター］モードがあります。詳細は、第8章「プレゼンテーション」を参照してください。

　関連サイトには、何人かの教育者がZoomで教えるためにワークスペースを設定した方法を紹介するリンクがあります。

免責事項

　Zoomプラットフォームは、今後数年で急速に進化していきそうです。本書は、2020年12月にリリースされたZoom for the Mac OSのバージョン

5.4.6（59301.1211）をもとに執筆しました〔訳書は、2021年2月にリリースされたバージョン5.5.2（12513.0205）をもとにしています。このため、本書の図表ならびに本文の一部は、原書とは異なる点にご留意ください〕。これは、ウェビナーではなく、授業をおこなうために設計されたZoomの製品バージョンをベースにしています。

　スクリーンショットの画像の一部はWindowsコンピューターでは異なって見えますが、MacとWindowsの機能はほぼ同じです。私は、本書の内容のほとんどがしばらくの間は正しくありつづけるように、本書を執筆しました。これはたしかに教育上のアドバイスにも当てはまります。そして、時間の経過とともに進化していくだろうと思われる内容のほとんどは、関連サイトに委ねました。しかし、本書のなかには、将来的に更新しなければならない部分もあります。そのため、本書のZoomの機能やデフォルト設定のすべての説明の前には、「執筆時点では…」と記述する必要があります。私は本書のアドバイスに影響を与えるZoomプラットフォームの変更を注意深く追跡していますが、読者のみなさんがこれらの変更についてお気づきの点がありましたら、関連サイトのフィードバックセクションでお知らせください。

 技術的なヒント

　Zoomの機能とデフォルト設定は、もっているアカウントの種類や所属機関のデフォルト設定によって異なります。気に入った機能を見つけたら、デフォルト設定を自分の好みに合わせて微調整することを勧めます。参考までに、表1-3は、私の所属機関とZoomのベーシック（無料）アカウントの教育に関する現在の機能とデフォルト設定を示しています。ベーシックアカウントの制限事項としては、投票機能が利用できないことが挙げられます。

表1-3 ● Zoomの機能とデフォルト設定のバリエーション

項目	私の所属機関	ベーシック
オーディオタイプ	電話とコンピューターオーディオ	コンピューター オーディオ
ホストの前に参加	オン	オフ
共同ホスト	オン	オフ
投票	オン	該当なし
ホワイトボード - 自動保存	オン	オフ
非言語フィードバック	オン	オフ
ブレイクアウトルーム	オン	オフ
クローズドキャプション	オン	該当なし
待機室	オフ	該当なし
ミーティングのストリーミングを許可	オン（FB、YouTube、カスタム）	該当なし

注：この表の制作に協力してくれたイアン・トッシュ（Ian Tosh）に多大な感謝を表明します。

第1章のまとめ

- 実際の教室からバーチャルな教室へ移行すると、失うものがあります。この喪失を認めることは、オンライン教育を進めていくうえで重要です。
- あなたは学生の学びを助けるために存在していることを忘れないでください。テクノロジーはあくまでも手段にすぎないのです。
- 学生の学びをサポートすることに集中できるように、ある程度の技術をマスターする必要があります。しかし、Zoomマスターになる必要はありません。
- 本書を執筆した主な目的は、読者にいくつかのアイデアを与え、力を与え、最終的にはZoomを使って効果的に教えられるようになることです。

第2章 指導上の原則

　実際の教室での教育からバーチャルな教室での教育に移行するにあたって、自身の教育実践の根底をなす教育上の原則について考察し、そうした原則をライブのオンライン授業でどのように適用または実践するのがベストなのかを検討することが役立つでしょう。

　そのために本章では、本書で提示する多くのアドバイスの根底にある重要な5原則に焦点を当てます。

- 原則1：学生中心であること
- 原則2：アクティブ・ラーニングの計画を立てること
- 原則3：終わりを念頭に置いて始めること
- 原則4：オンライン教育を比較優位に基づいて活用すること
- 原則5：教師は生まれつきの才能ではなく、努力してなるもの

　もしかすると、これらの原則は当たり前すぎて本章を読み飛ばしたくなったかもしれません。あるいは、各原則のアドバイスには、あなたの原則や教育実践と矛盾するものもあるかもしれません。いずれにせよ、本書の原動力になる根底にある信念が伝わることで、本章がみなさんの役に立てば幸いです。そして、ほかの章で後述する実践例を、あなた自身のオンライン教育法を編み出すために、より広い枠組みのなかに位置づける一助になることを願っています。

　本章では、これらの原則を一つずつ手短に説明し、これらの原則がどのように教えることや学ぶことをより魅力的で効果的なものにすると私が考えているかについて述べます。

2-1
原則１：学生中心であること

まず、私のいちばん好きな漫画を紹介します。

図2-1 ●口笛の吹き方を教える
（出典：Tiger ©King Features Syndicate Inc.）

　教師が何かを教えることと学生がそれを学ぶことは同じではないということは、あまりに明白で、わざわざ言及するに値しないかもしれません。しかし、私たちの多くはこの概念を頭では理解していますが、実際の行動はこの概念と一致しているとはかぎりません。コース（または個々の授業）をデザインするとき、私たちは、学習の成果として学生が何を学ぶことができるか、何ができるようになるか、何を習得できるかではなく、どのようなトピックを扱うかを決めようとする傾向があります。つまり、学生が何を発見するかよりも、自分たちが何を教えるかに注意を向けがちです。私たちは、教師である自分たちが教室でおこなうこと（説明の仕方を決めたり、際限なくPowerPointのスライドをデザインしたり微調整するなど）に準備時間の多くを費やす一方で、学生が教室で何をするかはそれほど考えていないものです。授業をするとき、私たちはしばしば、教師が教えようとすることを学ぶ能力を左右するかもしれない学生の個人的背景、スキル、誤解などをきちんと理解しないままに授業計画を実行に移してしまいます。あるいは、時間がなくなって、授業の最後に急いで大量のスライドを見せ、本当は違うとわかっていながら、教材をとにかく「カバーした」と考えたりします。これらはほんの一例です。あなたがこうした傾向の餌食になることがなかったとすれば、脱帽します。けれども、私たちの多くはこうしたことをしがちだと思います。なぜなら、人間である以上、私たちはコントロールできるもの（教えること）に時間を割

きがちで、そうではないもの（学生の学び）にはそれほど時間をかけないものなのです。

　学生中心であるとは、教えることと学ぶことは同一ではないと認識することにとどまりません。教えることはまた、教師の学生とのつながり、学生の教師とのつながり、学生同士のつながりを中心とした人間的な営みであると見なすことでもあるのです。これは、学生のこと（名前や背景など）を知り、親しくなり、学生の生活のなかで学びを促したり妨げたりするものについて理解するため最善の努力をしようとする、意識的な取り組みが必要だということを意味します。

　私が着任してまもなくハーバード大学の伝説的な元ティーチングコーチであるリー・ウォレン（Lee Warren）と交わした会話を、いまだに覚えています。彼女は教師たちに、自分の授業に影響を与えうるあらゆることを理解する重要性を説きました。学生が疲れているか、ストレスを感じているか、学生が所属する教育プログラムや大学全体で何か起きているか、その日の天気など、すべてです。私はばかげていると思い、「どれも私にはコントロール不可能な領域ですし、私の仕事は教えることです！」と言いました。しかし何年もかかって、彼女のアドバイスがどれほど賢明なものだったかを実感するようになりました。たしかに、これらをコントロールできないのは事実ですが、授業の進め方に影響を与えますし、こうした状況を把握して適応することを学ぶのは、私にとって教えることの一部なのです。

　2020年の春学期の間に、オンライン学習への移行にともなって、私の大学の学生たちはいくつも問題を抱えるようになったと報告してきました。気が散りやすい、モチベーションを維持するのが難しい、そして社会的に孤立していると感じる、といったことです。いずれも教師が直接コントロールできることではありませんが、このような状況を意識し、学生がこうした悩みを口にできるような雰囲気作りに努めた教師たちは、学生の学びを効果的に促したと思われます。あなたの学生が直面した問題は、前述したものとは異なるかもしれません。しかし、もし関心があれば、こうした問題や学生たち自身が乗り越えるために提案している解決策についてのプレゼンテーションが関連サイトに掲載されています。

　要するに、学生に共感することこそが教育の核心です。テクノロジーを使おうと使うまいと、これは変わりません。テクノロジーは、この目的達成のためのツールにすぎないのです。デレク・ブラフ（Derek Bruff）が最近の著書 *Intentional Tech*（2019年）で論じているように、教育と学習の目的こそが教師のテクノロジー利用の原動力になるのであって、その逆ではありません

［注2］。また、ハーバード大学の教育推進担当副学長であるバーラト・アナンド（Bharat Anand）は「最終的には、対面授業にしろオンライン授業にしろ、インパクトがある学習体験を創造するうえではるかに重要なのは、効果的な教育上の諸原則です。好奇心をかき立て、思い込みに挑戦し、発見を可能にし、学びを刺激するにはどうすればいいのか、に尽きます」と述べています［注3］。

オンライン学習への移行について私が懸念していることの一つは、教師たちがテクノロジーを習得しようと努力するなかで、教えることが本来は人間的なものであることを忘れてしまうことです。

実践篇 2-1
大切なことに集中する

ミッチ・ワイス（Mitch Weiss）はハーバード・ビジネス・スクールで教えていて、「起業家マネージャー（The Entrepreneurial Manager）」という必修科目の責任者を務めています。彼の教師チームは2020年の春休み中に膨大な時間を費やして、対面からオンライン授業に移行するために準備をしました。すべてのトレーニングを終えたあと、彼は教師チームに次のように書きました。

「この科目のために、技術面にこれだけ多くの時間を割いてきたわけですが、いまこそ、ケースメソッドを上手に教えるための本来のテクノロジーを思い出してほしいのです。それは学生が考えていることへの教師の好奇心と、学生が知りたいことへの教師の共感です。みなさんが、この両方をまだ十分にもっていれば心配ありません。ですから、私からのアドバイスは、じっくりと耳を傾けて考えることに最善を尽くし、パソコンの画面に気を取られず、真の意味で教えてほしいということです」

この原則をオンライン教育に適用する

• **学生を知りましょう。**学生の人となりを知るには、一般的に対面よりもオンラインでのほうが難しいものです。教師側からのいつも以上の意図的なはたらきかけが必要になります。いくつかのアイデア

については、第11章「コミュニティの構築」を参照してください。

- **コミュニティを構築しましょう。**オンライン上でコミュニティを構築することは重要で、やはり対面よりも、さらに意識的な取り組みが必要です。いくつかのアイデアについては、第11章を参照してください。

- **学生の状況を理解しましょう。**学生がオンライン学習という新たな旅路で直面している様々な状況を理解することは、学習体験を設計し、ルールを確立し、これらのルールを運用するうえできわめて重要です。学生と接点をもち、状況を知ることができるような方法を見つけ出し、彼らの状況に合わせた教育アプローチを用いましょう。

2-2
原則2：アクティブ・ラーニングの計画を立てること

　長年にわたる研究によると、学生は自分の役割が知識の受動的な受け手として概念化されている場合には、あまり学習しないことが示されています［注4］。むしろ、効果的な授業とは、学生が学ぶうえで積極的な役割を果たすことができるような、有意義な学びの体験を作り上げることです。つまり、学生が主体的に進めたり、応用したり、探究したり、ほかの人や教材に接する機会を設けることが必要です。この原則を端的にまとめると「作業をする者こそが学習する」ということになります［注5］。

　しかし、このような研究や、ノーベル賞受賞者のカール・ワイマン（Karl Wieman）（大学の講義は教育現場での瀉血のようなものだと主張したそうです［注6］）をはじめとする多くの教育専門家が、私たち教師に対して学生が能動的学習者になるような教授法を用いるようにと強く勧めてきたにもかかわらず、多くの教師たちは学生が学習で十分に能動的な役割を果たさないような教授法をいまだに用いています。

　もしあなたの教え方がアクティブ・ラーニングの原則と実践に沿ったものであれば、本節は飛ばして、次の原則に進んでください。そうではなかったとしても、あなたの教え方を変えたいと思っているのであれば、まずは*Small Teaching*（2016年）というジム・ラング（Jim Lang）の優れた本を読むことを勧めます。ラングはいくつもの小規模な変更を提案し、学習科学から得たいくつかの原則をあなたの教育方法に組み込むように促しています。ア

クティブ・ラーニングを教育現場に取り入れるにあたって、非常に啓発される動画といえば、ハーバード大学の物理学教授であるエリック・メイザー（Eric Mazur）による「宗旨替えした講師の告白録（Confessions of a Converted Lecturer）」を勧めます。いずれも、資料へのリンクが関連サイトに掲載されています。私は最近、ある学生にオンライン学習の様子を尋ねたのですが、彼女の答えは「YouTubeの動画を一日中見ているようなものです」と不満そうでした。教育者として何をするにしても、私たちは学生のためにこれよりも良質の学習体験を創造しなければなりません！

　もしも、学習にあたって学生が受動的な役割に甘んじることがどれほど効果的でないか納得できなければ、一つのことを試してみてください。講義だけの授業をずっと座って聞いていると、どんな感じがするでしょうか。オンラインで試してみることができます。私の予想は以下の3つです。第1に、身を入れて聞き続けることはもとより、特に、講義後1時間もたつと講師が何を言ったかを覚えているのも至難の業だとわかります。第2に、あなたは、自分はこの講師ほどは授業中にしゃべっていないはずだと確信しているでしょう。もし、そう思ったなら、次回の授業で自分が話している時間を分秒にいたるまで、ぜひ計測してください。誰かにストップウォッチで測ってもらったり、テクノロジーを使ってもいいでしょう（詳細は、関連サイトを参照してください）。第3に、あなたは、授業中に自分が話している時間の割合をかなり過小評価しているだろうということです。私はたしかにそうでした！

　オンライン授業に関するアドバイスはどれも、双方向性を確保することと、学生が同じ活動に5分以上従事しないように勧めています。授業にアクティブ・ラーニングの方法をより多く取り入れようとする努力は称賛すべきですが、こうしたアドバイスは「多動のための計画」と解釈されかねず、本来の効果がやや損なわれる結果になるかもしれません。目標は、学生に活動的になってもらうことだけではなく、教師が何を達成しようしているかを明確にしたうえでアクティブ・ラーニングがおこなわれることです（次の原則を参照してください）。

この原則をオンライン教育に適用する

- **ライブ授業に主体的な参加を促す設計をしましょう。** あなたが教えるオンラインライブ授業の各回で、どうすれば学生が主体的に参加するかを考え（学生の主体的な参加方法のリストについては、本書の第Ⅱ部「学生の関わり方」を参照してください）、教材の意味を理解させ、最終的

に教師が設定した学習目標を達成できるような様々な活動を計画してください。

- **ライブ授業以外の時間に学生が熱意をもって取り組める設計をしましょう。**非同期教材（授業時間以外に学生が自分の時間を使って取り組むもの）を準備する際には、学生が質問に答えたり、作業をしたり、自分の学習を振り返るような活動を積極的におこなうように考えてください。詳細は、第10章「同期と非同期のブレンド」を参照してください。

実践篇2-2
アクティブ・ラーニングの計画

　オンライン学習への移行での最も興味深い進展の一つは、多くの教育者が自分たちの教育アプローチを再考することを余儀なくされ、それが学生にとってのさらなるアクティブ・ラーニングへ向かったことです。以下では、このような変化の例を3つ挙げます。

　クリス・エイヴリー（Chris Avery）は、ハーバード・ケネディスクールで過去20年にわたって、様々なアプローチを用いて経済学関連のコースを教えてきました。パンデミックが発生し、秋学期に向けて授業計画を練らなければならなくなり、彼は週2回の授業に全学生が出席するという伝統的な授業形式をやめることにしました。そのかわり、クラスを10人ごとの5グループに分け、週に1時間ずつ各グループと授業をおこなうことにしました。彼は週の初めを締め切りにし、事前に学生たちに何らかの課題（録画済みの教材、問題演習、リーディング課題など）をさせます。週1回の授業では、教師が質問をし、学生が代わる代わる回答します。毎回、回答する学生をランダムに決めて授業開始時に順番を周知するので、学生は自分が発言するときの心の準備ができます。教師の発言は最小限にとどめ、学生がお互いのコメントをまとめあげるように誘導します。全学生が発言を終えたら、教師は2、3分で学生たちの発言をまとめ、自分の視点をいくつか付け加えます。このプロセスを授業ごとに3、4回繰り返します。学生は手順を覚え、準備して授業に臨むようになります。このやり方によって、彼は過去の授業のときと比べて、異

なるレベルで学生を理解できるようになりました。最近、彼は「前には決して感じられなかったつながりを、いまは学生に感じます」と言っていました。

エドゥアルド・ロハス（Eduardo Rojas）は、ベネズエラのカトリカ・アンドレス・ベジョ大学で教えながら、教師を支援するNGO（非政府組織）を率いています。彼は、授業前に学生に動画を視聴させて、5つの問題に答えておいてもらいました。それから、1つ以上の間違いについて解説するために解答例をいくつか選びました。Zoomでのライブ授業の日には、誤答を（匿名で）学生全員に見せ、誤りを突き止めて正答を導き出すためのディスカッションをさせました。その後、さらに5つの補完的な問題に解答を求め、次のディスカッションをおこないました。彼は、教師が設定する質問の質こそが、このようなオンライン環境での「学生同士が教え合う（peer-to-peer teaching）」という方式を成功させる鍵になると信じています。授業が終わって、彼は「信じられないような経験でした。30年以上教えてきて、学生が最も学んだのはこの授業だったのです！」とコメントしていました。

ロブ・スターヴァンス（Rob Stavins）は、ハーバード大学で経済学と環境に関するコースを30年以上にわたって教えてきました。以前は、伝統的な講義スタイルでした。彼は「自分にとって教えるとは、教室にいって自分が知っていることを学生に話すことでした。それが教育だったのです」と言います。パンデミックの発生を受けて、彼は教育方法を変えました。現在は、事前に講義を録画し、学生に問題を与えておき、学生は決められたグループのメンバーと集まって講義内容について議論しておきます。それに続くZoomのライブ授業では、学生にいくつかの問題に答えさせ、その後、授業の大部分の時間はランダムに割り当てたブレイクアウトのグループ（Zoomのブレイクアウト機能については、第6章「グループワーク」を参照してください）ごとに、講義から発展し、明確な答えがない一連の問題を議論させます。グループで結論が出たら、各グループの回答を全体に報告してもらいます。相反する回答が出るのもよく、むしろそのほうが好ましいとし、ライブ授業の最後にはまとめをおこない、場合によっては反対意見が解決することもあります。最近、彼は「このやり方は、学生には重要だし、教師にはもっと面白く感じられます。以前の講義のときよりも、学生はじっくり時間をかけて、実質的にはるかに多くを学んでいます。教えるのが以前よりもずっと好きになりました。おかげで、自分にとって授業がもっと刺激的なものになった

のです。パンデミック後にも、いまのスタイルをいくつか自分の授業に取り入れようと思っています」と言っていました。

2-3
原則3：終わりを念頭に置いて始めること

　私がノースウェスタン大学の博士課程の院生だったころ、ティーチングアシスタント（TA）になるために、大学の教育学習センターの責任者が教える1時間の研修に参加しました。20年以上たったいまでも、そのときに学んだことをいくつも覚えているという事実は、この研修が実に効果的だったことの証左です。研修の担当者はケン・ベイン（Ken Bain）で、彼はのちに、私を含めて多くの教育者の教育法に最も影響を与えた本の一つである *What the Best College Teachers Do*（2004年）を執筆しました〔『ベストプロフェッサー』高橋靖直訳（高等教育シリーズ）、玉川大学出版部、2008年〕。その日、ケンから学んだ主な教訓の一つは、学習体験（コース、各回の授業、ワークショップなど）をデザインするにあたって、「学習の結果、学生は知的、身体的、感情的に何ができるようになるべきか?」と、まず自問せよというものです。ここで、私は「逆向き設計（backward design）」に出合ったのです〔backwardには「後ろ向き」という訳語が充てられることも多いが、次に引用される書籍のタイトルが「逆向き」と訳されていることから、本書もそれに倣った〕。これは、グラント・ウィギンズ（Grant Wiggins）とジェイ・マクタイ（Jay McTighe）が共著 *Understanding by Design*（2005年、初版は1988年）で提案し、科目や授業のテーマごとのまとまりを設計するにあたって広く使用されている考え方です［注7］。「逆向き設計」の枠組みについて詳述することは本書の射程を超えていますが、基本的に次の3段階から成っています。

- 第1段階—望ましい成果の確立：レッスン、ユニット、コースの永続的な理解と学習目標は何か?
- 第2段階—エビデンスと評価基準：学生が目標とする学習成果を達成できたかどうかを評価するためにどのような基準を設定するか?
- 第3段階—学習計画：どのような学習活動や指導戦略を採用するか?

Wiggins and McTighe (2005) のほかにも、「逆向き設計」を授業にどの

ように導入するかについては、膨大な参考資料があります。関連サイトには、これらの情報へのリンクがあります。

　授業で「逆向き設計」を使用することは、コースの設計だけでなく、その運営方法をどのように構想すべきかについても大きな意味をもちます。自分にとって何が本当に重要なのかを判断し、それに応じて授業時間を計画し、管理するのに役立つのです。

この原則をオンライン教育に適用する

- **学習目標を設定しましょう。** オンライン授業の前に毎回、「授業が終わるまでに学生に習得してほしい2、3の事柄は何か」と自問してください。答えを決めると、（授業前に）授業計画からどの教材を削るか、（授業中に）時間がなければどの教材を省くかを判断するのに非常に役立ちます。
- **学習目標を使って授業を設計しましょう。** 授業でおこなう活動一つひとつについて、「学生に習得してほしい2、3の事柄を実際に習得させるのに、これはどう役立つのか」と自問してください。

2-4
原則4：オンライン教育を比較優位に基づいて活用すること

　第1章で示したように、実際の教室からバーチャルな教室に移行すると、多方面で失うものがあります。この喪失に対処する（あるいは少なくとも適応する）ためには、実際の教室でおこなっていたことをそのままオンライン環境で再現したくなるものです。これは、まさに新聞が過去におこなったことで、オンラインに移行した当初、紙面をPDF化しただけでした。しかし、バーラト・アナンド（Bharat Anand）は、「そのモデルは進化し、いまや、出版社はデジタルならではの利点を生かして読者層を拡大しました。いつでもどこでもニュースを読めるようにし、豊富なマルチメディア・コンテンツを作り、専属の記者のほかに幅広い情報源を活用し、読者のコメントを掲載して読者同士の対話を促したり、ニュースフィードをパーソナライズ可能としたのです」と述べています［注8］。

　同様に、オンラインで効果的に教えるためには、対面式の体験をバーチャ

ルな教室に持ち込むだけではなく、オンラインメディアをその比較優位〔対面式と比較した場合のオンラインの相対的な利点のこと〕を考えて使用する必要があります。ライブのオンライン授業の場合、比較優位には以下のようなものがあります。

- 学生にとっては授業に貢献する方法が増え、結果として授業の各回で参加の幅が広がる可能性があります。詳細は、第Ⅱ部を参照してください。
- 教師と学生は、授業中に文書（Google ドキュメント、Google スライドなど）をより簡単に共同で作成することができます。詳細は、第6章「グループワーク」を参照してください。
- 教師は、普段はあまり付き合いがなさそうな学生同士が交流するように、より手軽に刺激することができます。
- 何らかの理由（病気、誰かの世話など）で家を空けられない学生でも、授業に出席・参加することができます。
- 教師は簡単に授業を録画することができ、学生は（授業を休んだ場合）録画を視聴したり、また、自分のペースに合わせて再視聴できます。
- ゲスト講師を簡単に授業に招くことができます。実際の教室にくる必要がなく、オンラインで授業に参加してもらうだけでいいのです。

オンライン環境の比較優位を認識しておくと同時に、その欠点を認識しておくことも大切です。そのうちのいくつか（教師と学生が実際の教室で一緒にいないことから起きる人間的で感情的な問題に関わる事柄）については前述しました。ここでは、私がほかの教師や学生たちとの会話から得た情報も参考にしながら、さらに以下の5点を付け加えようと思います。

- 学生は気が散りやすくなります。メールやFacebookやTwitterなどをすぐにチェックできますし、教師は授業中の学生の行動を知ることもありません。
- 教師が「教室の空気を読む」ことや、非言語的な情報を拾うことが難しくなり、コミュニケーションが（双方で）成立しないことがあります。
- 教師や多くの学生にとって、オンラインでの学習は比較的新しい体験です。実際の教室に存在するような、長きにわたって確立されたルールはありません。

- ライブのオンライン授業を教える際には、教師が把握すべきこと（しかも、すべてが1つか2つの画面に収められています）が対面授業よりも多くなるため、慣れない環境で多くのことを管理しなければならない状態に適応するまでには時間がかかります。
- 教師や学生間のやりとりのほとんど（もしくはすべて）がパソコン画面を通じたものであれば、学生たちは「Zoom疲れ」や一般的には「画面疲れ」を見せるようになります。これは、2020年の秋学期に多くの教師が気づいたことですが、パンデミックのただなかで実際に起きていることなのです。

この原則をオンライン教育に適用する

- **オンラインライブ授業の比較優位を活用しましょう**。例えば——
  - 学生がオンライン授業に主体的に参加して貢献できるような方法を活用しましょう。
  - 出席できない学生のために、授業の録画を検討しましょう。
  - 学生の授業での学びを補完し充実させるために、ゲスト講師を招くことを検討しましょう。

- **オンラインライブ授業の欠点に対処しましょう**。例えば——
  - ライブのZoomセッションの前に、技術的な課題に対処しましょう。Zoomの強みの一つは、簡単に使えて、かなり安定して動作することです。しかし、どのようなテクノロジーもそうですが、技術的な問題が起きることがあります。このため、Zoom授業の少なくとも10分から15分前には必ず準備を開始し、機器をテストしたり技術的な問題に対処できるよう、学生が参加する前に確認しておきましょう。また、学生にも授業の5分前には参加してもらい、自分の機器をチェックするよう言っておくのもいいでしょう（そうすれば、授業前に学生とつながることができるという利点もあります）。学生が初めてZoomを使うのであれば、あらかじめ機器をテストしておくように伝えておくといいでしょう（メッセージのテンプレートは、関連サイトを参照してください）。
  - オンラインセッションのために、より詳細な計画を立てましょう。オンラインでは、授業中に「ぶっつけ本番」でおこなうこと

が難しくなります。

○ オンラインでは、より明確に伝えましょう。例えば、ある程度の時間をかける予定で質問する場合や、グループワークをさせる前に指示を出す場合は、質問・指示が全員に見えるように書き出しておくといいでしょう。

○ ルールを決めておきましょう。オンライン授業では、学生の参加の仕方のルールを定めておくことが重要です。例えば、学生が話したいときは教師にどのように知らせますか？ 学生にはビデオをオンにしてもらいたいですか？ 図2-2のスライドには、授業開始時に見せる簡単なルールの例を示しています。詳細は、第12章「次のステップ」を参照してください。

○ 簡素化するか、可能であれば助けを求めてください。オンラインライブ授業をZoomでおこなうにあたっては、対応しなければならないことが多々あります。詳細は、第12章「次のステップ」を参照してください。

ワークショップのルール

● 接続状況に支障がなければ、ビデオをオンにすること。

● 話すとき以外は、マイクをミュートにしておくこと。

● 話したいときには、手を挙げること。

● チャットに書き込むときは注意すること。隣に座っている人に、そのまま同じことを言えますか？

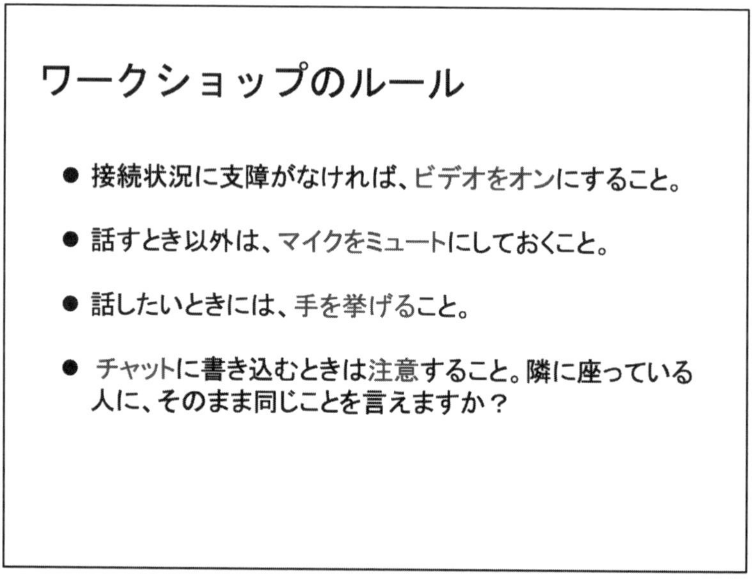

図2-2●授業開始時にルールを定めるスライドの例
（出典：アナスタシア・ケイ〔Anastacia Kay〕、ダン・レヴィ、テディ・スヴォロノス〔Teddy Svoronos〕が主催したハーバード大学でのオンラインワークショップ「オンライン学習の体験を最大限に活用する（Making the Most of your Online Learning Experience）」2020年4月開催）

2-5
原則５：教師は生まれつきの才能ではなく、努力してなるもの

　教育に懸命に取り組んでいる人なら誰でも、教えることは天賦の才ではないことを痛感しているはずです。もちろん、生まれながらの才能があればいいのですが、私が思うに、教える技術に関わる多くのスキルを継続的に向上させようとするコミットメントこそが、最大の違いを生み出します。小さなことに思えるかもしれませんが、「彼女はすばらしい先生だ」とか「彼がやっていることには拡張性がない」とか「悪い先生をクビにする必要がある」といった表現を耳にすると、教師の教え方はうまいかへたかのどちらかで、それは不変であるという考え方が、多くの人の態度に染み付いていることに気づかされます。

　オンラインで教えることを学ぶには、あなたがすでにもっているスキルを活用しながら、新しいスキルを開発する必要があります。おそらく、2020年の春にはオンライン教育に移行するという切迫感のせいで、あまりに多くの同僚が、初日からすべてが完璧でなければならないという気持ちでオンライン授業に臨んでいました。有用な目的意識をもつのはいいのですが、このアプローチは非現実的な期待を生み出しかねません。20年の春学期にハーバード・ビジネス・スクールがリモート授業に移行したとき、教師たちは即座に「最小限で実行可能な教室（Minimum Viable Classroom）」（ソフトウエア業界で新しいアプリケーションを作るときによく使われる「必要最小限の機能だけを搭載した製品〔Minimum Viable Product〕」という用語をもじったもの）と呼ばれるものを作ることに注力しました。春休み明けの最初の授業をすばらしいものにするために、彼らは懸命にはたらきました。しかし、それが完成形ではないこともわかっていました。教育の卓越性と継続的な改良へのコミットメントがあれば、続く学期には間違いなく、よりいい学習体験を提供することができます。

　オンライン教育が初めての場合には、実に多くの新たなスキルを習得しなければならないと考えるだけで圧倒されてしまうかもしれません。最高のアドバイスは、私の同僚のロブ・スターヴァンス（Rob Stavins）が本書の初版を読んで、ほかの教師に向けて言った次の言葉です。「ダン・レヴィの本をじっくり読んでください。けれども、そこで示される選択肢の多さに圧倒されないでください。完璧にしなければ、と思って動けなくなるよりは、少し

ずつ歩みを進めましょう。一部を取り入れるだけで、学生（と教師の両方）の
教育体験が大幅に改善される可能性があります」

　教師がオンライン教育の旅を始めるにあたっては、たしかにそういう態度
で臨むのがベストなのです。初日にすべてが完璧であるはずがないのです。
むしろ、現在あなたが得意とする様々なスキルを磨いた道のりと、オンライ
ン授業の旅の道のりは同じなのです。あなたにとって最適なプロセスはおそ
らく私とは異なるでしょうから、アドバイスするのはためらわれるのです
が、あなたがオンラインで教えるスキルを磨くのに役立つと思われる3つの
アプローチを記します。

この原則をオンラインライブ授業を教えることに適用する

- **たくさん練習しましょう。**
  - 様々なツール（参加者リスト、チャット、画面共有など）に慣れるまで
    には時間がかかるものです。
  - できれば、オンライン授業で使用する前に、友人、同僚、または
    家族と様々なアプローチを試してみてください。
  - そうすることで、リラックスして学生の学びを助けることに集中
    できます。

- **ほかの人の授業を見学しましょう。**
  - これまで以上に簡単です。必要なのは、同僚のオンライン授業の
    Zoomのミーティング・リンクだけです！
  - 多くのことを学ぶことができるでしょうし、もし同僚と報告会が
    できればなおいいでしょう。
  - ライブのオンライン授業を受けている学生の気持ちがわかりま
    す。この経験から、双方向性が必要なことが理解できるでしょ
    う。学生の立場から見て、何が効果的で何が効果的でないかを見
    極めるのにも役立ちます。いままで考えもしなかったアプローチ
    を発見することもできるでしょう。

- **実験しましょう、そして実験から学びましょう。**
  - オンライン教育で新しいアプローチやアイデアを試してくださ
    い。
  - 自分の授業を同僚に見学してもらい、フィードバックをもらいま

しょう。
- ○学生からのフィードバックや学習に関するエビデンスを集め、自分のアイデアが実際にどのように機能したかを評価するのに役立てましょう。
- ○うまくいったこと、さらに改善が必要なことを振り返りましょう。

 第2章のまとめ

- あなたの教育実践の根底にはどのような教育上の原則があるのか、それらの原則をライブのオンライン授業でどのように適用または実践するのがベストなのかを考えてみましょう。
- 本書で勧めている実践とアドバイスの根底にある重要な教育上の原則は次のとおりです。
    - ①学生中心であること
    - ②アクティブ・ラーニングの計画を立てること
    - ③終わりを念頭に置いて始めること
    - ④オンライン教育を比較優位に基づいて活用すること
    - ⑤教師は生まれつきの才能ではなく、努力してなるもの

第II部

学生の
関わり方

Zoom（またはほかの類似アプリケーション）を使って学生がライブのオンラインセッションに参加してコミュニケーションをとるためには、5つの主要なチャネルがあります。それは、話す、投票する、書く、グループワーク、共有する、です。これらのチャネルは相互に排他的なものではありません。例えば、学生はグループワークをしながら、その作業を共有したり発言したりすることができます。さらに重要なことは、これらの関わり方を授業のなかで組み合わせることができることです。例えば、学生に投票してもらったあとで、すぐにグループに分かれて投票について話し合うように学生を割り当てることができます。

章	学生は...	主要なZoomの操作	
第3章	話す	手を挙げる	手を挙げる
		ミュート解除	ミュート解除
第4章	投票する	投票	投票
		参加者	参加者
第5章	書く	チャット	チャット
第6章	グループワーク	ブレイクアウトルーム	ブレイクアウトルーム
第7章	共有する	画面の共有	画面の共有

これらのチャネルをどのように組み合わせて統合するかを決める前に、各チャネルで学生がどのように参加できるかを明確に考えておくと、授業を計画する際の参考になるでしょう。さらに、もしあなたが実際の教室で教えた

ことがあるならば、実際の教室とバーチャルな教室で、これらの関わり方のそれぞれがどのように違うのかを考えてみるのは役立つと思います。下表は、この比較についての筆者自身の評価をまとめたものです。

表II-1●実際の教室とバーチャルな教室での学生の関わり方の有効性

学生の参加方法	実際の教室	バーチャルな教室
話す	+	
投票する	=	
書く		+
グループワーク		+
共有する	=	

注：＋は有効性がより高いことを示す。＝はどちらでも効果が同じことを示す。
（出典：筆者自身の評価）

　この表からわかる重要なポイントは、理由は第3章「話す」で詳述しますが、学生が話すことはバーチャルな教室よりも実際の教室のほうが効果的だということです。この評価は、オンライン授業の実施方法に重要な意味をもちます。実際の教室では、学生が教師とコミュニケーションをとるには話すことが主な方法である傾向が強いことを考えると、オンラインで効果的に教えるためには、少なくともこれまでのやり方に疑問を抱き、ライブのオンライン授業で教える際には、学生の参加を促すほかの方法（特に書くことやグループワーク）を検討する必要があります。これは、Zoomの授業での口頭での対話を排除することを意味するわけではなく、どのチャネルで学生に参加してもらうかを慎重に検討することを意味しています。第II部「学生の関わり方」の5つの章では、これらの方法のそれぞれを取り上げます。

第**3**章

話す

　クラスにかなり多くの学生がいる場合、発言するとき以外は、常にマイクをミュートにしてもらうといいでしょう。そうしないと、誰かが何かしらのノイズ（キーボードのクリック音、犬の吠え声、電話の呼び出し音など）を流してしまい、誰もがすぐに気が散ってしまいます。学生がライブのオンライン授業で発言する場合の、典型的な手順は以下のとおりです。

- Zoomの［手を挙げる］機能を使用して、学生は手を挙げます（図3-1を参照してください）。
- 教師は手を挙げている学生を選んで発言を求めます。
- 学生は自分でミュートを解除します。
- 学生は自分のコメント／質問を述べます。
- 学生は自分自身をミュートします。

図3-1 ● Zoomで手を挙げるための2段階のプロセス

　このプロセスは（ほかのオンライン教育のプロセスと同様に）、実際の教室での授業よりも少し時間がかかりますし、学生や講師が慣れるまでにも時間がかかります。また、［手を挙げる］や［ミュート／ミュート解除］の機能を使わないとしても、インターネット上で会話しているというだけで自然に感じられなくなってしまいます。なぜなら、インターネットでは音声や映像を切り刻んだビットを複数のチャネルを経由して相手に送り、それらを再構成して音声や映像が作られているからです。ここから、ほとんどの文化で守られている「ギャップなし、オーバーラップなし」という会話のルールが乱される傾向があります［注9］。この課題に対処する創造的なやり方は、「実践篇3-1」を読んでください。

実践篇3-1
学生のコメントの間の時間を最小化する

　ゾーイ・マークス（Zoe Marks）は、ハーバード・ケネディスクールの講師であり、学生が発言を求められることを意識するように上手に予告しています。例えば、彼女はしばしば学生が授業のトピックに関連して

選んだ曲やビジュアルアートで授業を開始し、チャット欄で学生に、なぜその曲や作品をクラスで共有したのかを答えてもらう、というメモを送ります。ディスカッションの時間には、野球の「ネクスト・バッターズ・サークル」システムを応用して学生に呼びかけます。「まず、Aさんから聞いてみましょう。Bさん、次はあなたですよ」と言うのです。ときには、さらに進んで、チャット欄にこれからの発言者リストを入力して、スピーディーに進行するようにしています。

オンラインで口頭でのコミュニケーションが不自然になりがちなもう一つの理由は、アイコンタクトをとることがより難しいことです。Zoomの画面上で話している学生を見ていると、表情や身ぶりといった非言語コミュニケーションを認識することができますが、学生はあなたが自分を見てくれているとは思ってくれません。Zoomの画面上のどこに学生がいるかやカメラがどこにあるかによって、その学生（とクラスのほかのすべての学生）は、あなたが上か下を見ていると思ってしまうのです。学生を見ているという印象を与えるためには、カメラを見つめなければなりません（多くのオンライン教育の専門家が習得を推奨している習慣です）が、そうすると、話している学生の画像からの非言語によるメッセージを読み取ることができなくなります。この課題を軽減するには技術的な方法と非技術的な方法がありますが、結局のところ、アイコンタクトをとることに関しては、対面よりもオンラインのほうが難しく、オンラインでは自然ではないと感じられてしまうものです。

同僚のダッチ・レナード（Dutch Leonard）は、実際の教室とバーチャルな教室での対話のもう一つの違いは、実際の教室では、言語と非言語の合図を使って、コメントをしてほしい、または質問を終わらせてほしいという合図を学生に送ることが簡単にできることだと指摘しています。つまり、オンラインでの対話は、より難しく、時間がかかるものになりがちだということです。

バーチャルな教室では、会話に時間がかかり、効率性は失われる傾向にあります。そのため、私の同僚の何人かは、オンライン授業で使う教材の量を減らすべきだと考えています。実際の教室で学習していた分量に比べて、オンラインでは同じ時間でその80％の教材を学習することを目標にしたほうがいいという意見もあります。その一方で、オンラインでより効率的にできることもあります。それは、チャット機能を使って学生の意見を素早く聞き

出す、異なるクラスメイトがいるブレイクアウトグループに学生を送る、または ブレイクアウトグループで作業したあとにクラスをもとの状態に戻すなどです。まとめると、オンラインでも対面で教えているときと同じ量の教材を使うことができると思ってはいけないということと、あなたの教育上のアプローチとスタイルによって、バーチャルで扱える教材の量がどのくらい少なくなるかが決まる可能性が高いということだと思います。

　授業計画のどの部分をカットするかを決めるために、その授業の学習目標に焦点を当てて、次の2つの質問について真剣に考えてみましょう。①この部分は学習目標を達成するために不可欠なものでしょうか。②この部分はライブ授業で一緒にいるときに使うことで大きな利益を得ることができるものでしょうか。いまあなたが授業で取り上げようとしている資料は、新聞や雑誌記事、YouTube動画などの別の形式で、授業の前後に投稿したり配布したりすることができる場合があります。第10章「同期と非同期のブレンド」では、ライブ授業のなかで扱うべき資料と、ライブ授業の外での学習に向けたものをどのように決定するかについて、いくつかの指針を提供しています。

3-1
学生に参加してもらうには

　あなたは、学生が授業に積極的に参加しない環境にいるかもしれません。あるいは、たくさん手を挙げる学生がいる一方で、ほとんど手を挙げない学生もいるかもしれません。クラスの全員を巻き込んで、よりインクルーシブな授業と、より豊かな議論をしたいのであれば、以下のようなことを試してみてはいかがでしょうか。

- いい質問をしてください。次節を参照してください。
- 自分で自分の質問には答えないでください。学生が参加するのを待ちましょう。沈黙は、あなたが自由に使える最も強力で十分に使われていないツールの一つです。
- 質問したあと、誰かに声をかける前に、少なくとも10秒間は一時停止してください。これによって、クラスのすべての学生が自分の考えを発展させる時間を確保でき、通常はより多くの手が挙がることになって、より幅広い意見を取り入れる機会を得ることができます。このテクニックは「待ち時間（wait time）」と呼ばれることもあり、学

生の授業参加と学習に多くの利点があることが示されています［注10］。

- クラスに質問を投げかけたあとに「誰かを指名する前にもっと手を挙げてほしいです」あるいは「5人の手が挙がってから誰かを指名します」と、明言してください。

- 質問をしたあとに「これまで発言していない人の意見を聞きたいです」と、明言してください。

- コールドコール（cold call）。指名することを事前に伝えずに、手を挙げていない人を指名します。「実践篇3-2」を参照してください。

- ウォームコール（warm call）。指名することを予告しておいて、手を挙げていない人を指名します。「実践篇3-3」を参照してください。

- チャットで興味深いコメントや質問をした学生を指名します。以下の実践篇を見てください。

- 学生に質問するように促す場合、どのようにするのが最も効果的かを検討してください（例えば、「質問はありますか?」ではなく「どのような質問がありますか?」と尋ねるほうが、学生が質問をすることを前提としているため、参加をより促せるかもしれません）。

- 誰が参加したか、誰が参加していないかを記録しておき、誰を指名するかは慎重に決めましょう。以下の実践篇を見てください。例えば、Teachlyのようなアプリケーションの利用を検討してみてはいかがでしょうか。Teachlyは、教師がより効果的に学生を巻き込んで教えることをサポートすることを目的としています（念のために申し上げておくと、私はTeachlyの創設者のひとりです）。

実践篇 3-2
コールドコール（不意に指名する）の技法

マイク・トッフェル（Mike Toffel）は、ハーバード・ビジネス・スクールで「業務管理（Operations Management）」を教えていますが、そこではコールドコールが広く使われています。コールドコールがあることで、手を挙げなくても指名される可能性があることを十分に認識しているため、学生が授業準備をよくするのに役立つと彼は指摘しています。しかし、コールドコールにはトレードオフがあるとも警告しています。

しばらく発言していない学生やそれまでの経験からその学生が重要な洞察を加えてくれることを知っている場合には、その学生に発言を促してプラスの効果を引き出すことができますが、手を挙げていない学生を指名することで、会話の質を低下させ、同時に手を挙げている学生のモチベーションを低下させる危険性があります。とはいえ、マイクは授業のいたるところでコールドコールを使い、ときには数分前に授業に入ってきた学生にもコールドコールすることもあります。そうすることで、学生全員が授業に集中して、いつでも指名に応答できるようにさせ、ゆくゆくは学生が注意深く耳を傾けるスキルといつでも貢献しようというマインドセットを養えると考えているからです。

実践篇3-3
ウォームコール（事前告知で指名する）の技法

　授業中に活発な議論をしたい一方で、コールドコールを嫌う講師は多いです。あまり参加していない学生に声をかける効果的な方法としては、授業の前日に少し時間を割いて、学生の経歴と授業のトピックとの関連性について考えてみることです。以下にいくつかの例を示します。

　ジュリー・ウィルソン（Julie Wilson）はハーバード・ケネディスクールの同僚の社会学者で、クラスの学生に合わせて指導計画を上手にカスタマイズする技をもっています。彼女が最近、コネチカット州ハートフォードを舞台にした「私たちのパイのかけら（Our Piece of the Pie）」というケースを教える準備をしていたとき、彼女は学生名簿で学生の経歴を素早く検索して、一人の学生がハートフォード出身であることに気づきました。彼女はその学生にメールを書いて、授業参加者がこのケースが展開される文脈をよりよく理解できるように、授業の冒頭で彼女にハートフォードについて簡単に説明してもらうようにお願いしたいと伝えました。次の日、その学生は準備をして授業にきて数分で街のことを説明してくれ、それがその後の議論の土台になりました。ジュリーが学生に送ったメールは、次のボックスを参照してください。

　私の授業では、オンラインモジュールやアンケートや小テストを授業前に学生に送って答えてもらい、その答えを使いながら授業中にディス

カッションを促すようにしています。授業前のアンケートの典型的な流れは、多肢選択式の問題のあとに、自分が選んだ選択肢を正当化するように学生に問う別の問題を出すというものです。ときには、授業中に尋ねる予定の質問をそのまま提示しておいて、学生には事前に考えてもらうこともあります。授業では、同じ質問をして、学生の答えを引用して（ときには学生の名前を入れて）見せ、その学生に会話や議論を始めてもらうこともあります。図3-2を参照してください。

ウォームコールのための学生へのメール例

From：“ジュリー・ボートライト・ウィルソン（Julie Boatright Wilson）”
日付：2020年5月18日（月）6:49 AM
To：［省略］
件名：「証拠を上手に利用するプログラム」へようこそ

「証拠を上手に利用するプログラム」へようこそ。けさの「私たちのパイのかけら（Our Piece of the Pie）」の議論のなかで、ハートフォードのことを少し話してもらいたく、あなたを指名しようと思っていることをお知らせしたかったのです。

　ニューイングランドに住んでいる私たちは、ハートフォードは、多くの大規模な保険会社の本社があり、州間高速道路を車で走ると壮観な建物が建ち並ぶのが見える場所であると同時に、かなりの貧困と苦難の地であることを知識として知っています。

　今週の枠組みを作るためにはできるだけ多くの時間が必要なので、背景情報の議論にはあまり時間をかけられませんが、実際にハートフォードを知っている人の力を借りて舞台設定ができたらありがたいです！

　あなたの都合がよいといいのですが。授業前にオンラインに入ってます。

ジュリー

授業前の 小テスト／質問	*40歳代の女性に毎年マンモグラフィを勧めることの問題点を挙げよ。*

授業前の小テストの 学生の回答をスライド で授業中に示す	### マリア・クリンガー 毎年マンモグラフィを行うことの主要な問題は、偽陽性と過剰診断です。双方とも不愉快でリスクを伴う不必要な医療に繋がります。

図3-2 ●授業前の小テストやアンケートへの回答をライブ授業で利用する

3-2
よい質問をするには

　よい質問をすることは、授業のなかでよい議論を生み出すことにつながり、最終的に学習を進めるうえで非常に重要です。何がよい質問を構成するのか、どのようにしてクラスの議論を管理するのかは本書の範囲を超えていますが、ここではセントルイスにあるワシントン大学の教育学習センター（Center for Teaching and Learning）に基づいたガイドラインをいくつか紹介します。

- 質問がそのクラスの学習目標に沿ったものであることを確認してください。
- 直接的で具体的な質問を心がけましょう。
- 授業全体を通して質問し、一度にする質問は一つだけにしましょう。
- 自由回答形式（open-ended）の質問をすることを検討してください。
- 学生が質問に答えたときには、それに対してどのように対応するかを意図的に考えてください。
  - 言語的／非言語的な合図を使って、学生の答えに興味を示してください。
  - 明確にしたり、調べたり、拡張したりするために、フォローアッ

プの質問をすることを検討してください。
- ○ ほかの学生にも反応する（同意する、反対する、拡張する）よう勧めてください。
- ○ 答えには厳しく、学生には優しくしてください。

　よい質問をしたり、様々なタイプのクラスでディスカッションを管理したりするための資料は、関連サイトを参照してください。

実践篇3-4

幅広い学生たちに声をかける技法

　驚くべきことに、オンライン授業中に多くの学生を巻き込むインクルーシブなディスカッションをすることは、実際の教室よりも簡単かもしれません。ここでは、私の同僚であり友人でもあるハーバード・ビジネス・スクールで教鞭を執るマイク・トッフェル（Mike Toffel）から教えてもらった、ローテクな方法を紹介します。授業の前に、どの学生を指名したいかを決めておきます（おそらく、最近あまり参加していないか、経歴や授業前課題で書かれた内容に基づいて何か面白いことを言ってくれるのではないか、で決めているのでしょう）。このリストを紙に印刷（または手書き）して、ディスプレイの端のZoomの参加者リストやチャットウィンドウを表示しやすい場所に貼り付けます（図3-3を参照してください）。次の授業で誰を指名するかを決めるとき、リスト中の学生が手を挙げたかどうか、チャットでコメントをしたかどうかをすぐに確認します。逆に、たくさん参加した学生のリストを作成して、その学生を指名しないようにすることもできます。

図3-3●指名したい学生のリストの画面への貼付（Zoomの参加者リストの横に）
注：学生の名前と写真はプライバシー保護のためにぼかしてあります。

実践篇3-5

チャットから学生に呼びかけるなど、授業への参加を促すアプローチ

　ジョン・フリードマン（John Friedman）はブラウン大学の経済学・国際政治学の教授であり、授業をよりインタラクティブなものにし、学生の参加を促すためにいくつかのテクニックを用いています。授業の最初には、学生に事前に宿題にしておいた問題について質問することで、授業の緊張を解きほぐします。その後、彼は授業中に3つのアプローチを使用します。第1に、チャット欄（第5章「書く」を参照してください）で学生の質問を拾い上げ、質問に対して授業中に口頭で答えます。第2に、学生がクラス全体で話す前に小グループで議論できるように、ブレイクアウトルーム（第6章「グループワーク」を参照してください）を使用します。最後に、学生が発言するということを前提とせずに、学生に何か討論する機会を与えています。これらの戦術はすべて、ジョンと学生の間の交流を深め、学生の参加を促し、よりアクティブ・ラーニングを促すことにつながっています。

3-3 ──────────

ミュートをデフォルトに
することの再検討

　本章では、学生はデフォルトではミュート状態にしていて、（通常はZoom
上で手を挙げた学生を指名した結果）、発言する際にミュートを解除することを想
定しています。デフォルトの「全員ミュート」はきわめて不自然で、実際の
教室からバーチャルな教室に移行するときに適応するのが最も難しいことの
一つです。ユーモアがうまく伝わりません。より一般的には、第1章「はじ
めに」で説明したように、教師も学生も「教室の声を聞く」ことができず、
対面で授業をするという人間的な体験のいくつかを失ってしまいます。笑い
声、教室の反対側にいる学生からのコメントに対してもう一方の側にいる学
生が反射的に見せる反応、ときおりの笑み、それらはもうありません。さら
に、ミュートを解除するときに会話に不自然な間が生じるため、会話の流れ
がとてもぎこちなくなります。

　このような課題があることから、教師のなかには、学生に最初からミュー
トを解除しておくことをデフォルトにするように求めている人もいます。ア
ーロン・ジョンソン（Aaron Johnson）は、彼の優れたガイド *Online Teaching
with Zoom*（2020年）のなかで、デフォルトとして学生をミュート解除にして
おくことを提唱しています［注11］。背景雑音の問題に対処するために、学
生には背景雑音やノイズに注意してもらい、それが問題になるときにはマイ
クをミュートすることを提案しています。背景雑音がそもそも大きな問題に
ならないような比較的小規模なクラス（例えば、20人以下）では、これは興味
深い解決策になると思います。

　私は大人数のクラス（40人以上の学生）を教えることが多いので、これまで
の経験から、［ミュート解除］をデフォルトにすることを想像できずにいま
す。上に挙げた［ミュート］デフォルトの課題に対処するために、少し実験
をしてみました。授業中に一部の学生たちにミュートを解除しておいてもら
ったり、授業の一部でミュートを解除できる人は誰でも解除してみるように
促すような時間を設けたり、といった実験です。しかし、大人数のクラスで
は、まだこの難問に対するいい解決策はないようです。テクノロジーや読者
のみなさんのような教育者の創造的なアイデアの助けを借りて、ミュートが
デフォルトの現状から別のデフォルトにすぐに進化できることを願っていま
す！

技術的なヒント

- Zoomでは、［手を挙げる］機能を使用した学生は、手を挙げた順に参加者リストのいちばん上（ホストと共同ホストのすぐ下）に表示されます。

- 誰かがその手を降ろさないかぎり、手は挙げたままになります。学生は、同じ手の形をしたアイコンをもう一度クリックするだけで、手を降ろすことができます。ホストと共同ホストも、参加者の手を降ろすことができます。意図せず手を挙げてしまった学生に声をかけるのは気が散りますし、効率が悪いので、それを避けるためのプロセスやルールを設定するようにしてください。例えば、あなたのティーチングチームのメンバー（例えば、TA）を共同ホストにしておいて、コメントしたばかりの学生の手を降ろすようにお願いしておくことができます。

- また、参加者リストの下部にある［詳細］から［すべての手を降ろす］を選ぶことで、すべての手を同時に降ろすこともできます。これは、別のトピックや質問に移ろうとしている場合や、いま始まったばかりの会話を取り入れて新しい視点を導入する場合には便利です。すべての挙手をクリアするときには、このことを明確に学生に伝えたうえで、学生が何かコメントや新しい視点を加えたりしたい場合には、すべての学生（あなたが手を降ろした学生を含む）にまた手を挙げるように促すといいでしょう。

- 学生が話し始めて、あなたやクラスのほかの人がよく聞き取れないことがあります。これは通常、インターネットの帯域幅に関連した理由で起こります。この時点で、どのくらいの時間を待ってから介入するかを決める必要があります。通常、私は約10秒待ち、それまでに解決しない場合、当該の学生にチャット欄に自分のコメントを書くように促し、そして授業を続けておいて、数分後にチャットに戻ってそのコメントに対処します。

- 「ミュートになってますよ」というフレーズは、おそらくZoomで最も広く口にされるフレーズです。Zoomに慣れていない学生にとっては（そうでなくても）、クラスで何かを言う前に自分でミュートを解除しなければならないというルーティンに慣れるまでには時間がかかります。学生に声をかけても数秒以内に返事がない場合は、貴重な

授業時間を無駄にしないように、「ミュートになっていませんか?」と間に入ったほうがいいでしょう。特定の学生がミュートになっているかどうかを知りたい場合は、参加者リストの学生の名前の横にあるマイクの形をしたアイコンで確認できます（手を挙げるアイコンとビデオフィードアイコンの間にあります）。

 学生に声をかける際のチェックリスト

授業前

☐以前に対面で教えたことがある授業をオンラインで教えることを計画している場合は、慎重に時間を計画してください。教材の一部をカットすること（または、時間に追われている場合に何を飛ばすかについて少なくとも計画を立てておくこと）を検討してください。

☐学習目標を達成するために、授業で質問したいことを計画しましょう。

☐授業中にどの学生に声をかけたいか、計画を立てておきましょう。そのリストを印刷して、（Zoomの参加者リストの横など）よく見える場所に貼っておきましょう。

☐授業中にウォームコールできるように、特定の学生に事前に連絡をとることを検討してください。

授業中

☐Zoomの参加者リストを常に開いておき、どの学生が手を挙げているかを確認できるように監視してください。

☐最初に手を挙げた学生をすぐに指名する誘惑に負けないようにしましょう。誰を指名するかを慎重に決めましょう。

☐授業中に指名したい学生のリストをどこか見やすい場所に置いておきましょう。

授業後

☐授業のなかでどのような会話を刺激できたか振り返ってみましょう。また、これらの会話に反映された学生の多様性と視点を振り返ってみ

ましょう。
□次回の授業に向けて、学んだことを書き留めておきましょう！

 第3章のまとめ

- バーチャルな教室では、実際の教室よりも会話が長くなる傾向があります。このことを考慮に入れて授業を計画しましょう。
- 授業中に学生が手を挙げるためのルールを作りましょう。
- いい質問を投げかけて、学生の授業への参加意欲を高めるためのテクニックはたくさんあります。それらを活用してください！

第4章

投票

　多くの学生がいるクラスで、参加者の意見を集約したり、ある特定のトピックや質問に関してクラスの状況を把握したりするのに非常に効果的な方法の一つが投票です。投票には、以下のような多くの利点があります［注12］。

- 学生が積極的に教材に取り組むように促します。
- 全学生の参加を促します。
- トピックに対する学生の考えを、教師がより客観的に確認できます。
- 教師と学生の双方にとって、授業中に理解度を確認するための手助けになります。
- 授業中に、学生の状況に応じて授業計画を立てることができます。

　教育での投票の利用に関するすばらしくかつ完璧な解説は、デレク・ブラフ（Derek Bruff）の著書 *Teaching with Classroom Response Systems*（2009年）を強く勧めます。この本は実際の教室を念頭に書かれていますが、その主要な原則とすばらしい実例は、オンライン教育での投票の使用のための優れたガイドになっています。投票用デバイスの使用に関する簡単な説明は、ヴァンダービルト大学で彼が運営している教育センター（Center for Teaching）にある投稿を参照してください。これらの情報へのリンクは、関連サイトにあります。表4-1は、学生が投票する際の質問のタイプを示しています。

表4-1 ●投票での質問のタイプ

質問のタイプ	例
確認問題	生命の基本単位は何と呼ばれていますか？ A. バクテリア B. DNA C. 細胞 D. 遺伝子
概念の理解	サイコロを2回振ったとき、少なくとも1回は「6」が出る確率はどれくらいでしょうか？ A. 1/6 B. 2/6 C. 1/36 D. 11/36 E. 上記のいずれでもない F. わかりません
応用	評価者は、ランダム化比較試験を用いてマイクロファイナンス・プログラムの影響を研究しています。研究がおこなわれていた地域で干魃があったとします。この干魃は、研究の信頼性にどのような影響を与えますか？ A. 信頼性に影響はない B. 信頼性にいくらかの影響がある C. 信頼性には実質的な影響がある D. わかりません
学生の視点	あなたがもしこの状況の主人公の立場だったら、相手の会社と合併しますか？ A. はい B. いいえ
学生の好み	今日の中間レビューでは、次のトピックのうち、どれを議論したいと思いますか？ A. 効用関数 B. 公共財 C. 外部性 D. 税金 E. 補助金
自信のレベル	前問の解答にどれだけ自信がありますか？ A. とても自信がある B. 自信がある C. やや自信がある D. 自信がない
フィードバック／ モニタリング質問	いま提出した課題は、どれくらい難しかったですか？ A. とても簡単 B. 簡単 C. 適当 D. 難しい E. とても難しい

（出典：最初の2つの質問の正解はCとD）

実践篇4-1

投票の利用

　私は、2008年にハーバード大学の物理学教授のエリック・メイザー

（Eric Mazur）がおこなった、投票用デバイスの利用とピア・インストラクションについてのワークショップに参加しました。このワークショップと、その後のエリックとの会話は、私の教え方に大きな影響を与えました。そして10年の秋、私はなるほど！と思う特別な瞬間を迎えました。確率に関する内容を教えているとき、投票用デバイスを使って、私自身はウォームアップだと思う問題を出題し、少なくとも学生の80％が正解に到達すると期待していました。しかし、投票の結果が出たとき、私は啞然とし、クラスの前で1分以上黙って立ちつくしました。たった17％しか正解していなかったのです。これは私にとって屈辱的な経験であり、学生がどういう状況にあるのかについて自分がどれだけ無知であるかを思い知らされました。その日以来、私は学生の理解度を確かめ、教室の熱気を調べ、別のトピックや活動への興味のレベルを測り、細心の注意を払って質問をし、そのほか多くの目的のために、授業中に頻繁に投票に頼るようになりました。

本章の構成は以下のとおりです。最初に、投票を匿名にすべきかどうかについて議論します。これは投票をデザインする際の重要な決定事項です。匿名と非匿名の両方について、これらをZoomに実装する方法を説明し、それぞれの主な利点、投票後にすべきこと、そして実際の使用例について議論します。次に、少人数クラスでの投票の使用方法を説明します。最後に、いくつかの技術的なヒント、投票を使用するためのチェックリスト、そして章のまとめで締めくくります。

4-1
投票は匿名にするべきか

学生の投票を匿名にするかどうかは、重要な決定事項です。匿名投票では、どの学生がどの選択肢に投票したかを特定せずに、投票結果を集計した状態で見ることができます（例えば、23％の学生が選択肢Aに投票し、54％が選択肢Bに投票した、など）。非匿名投票では、集計結果と各学生の個別の投票結果の両方を見ることができます。表4-2に示す非匿名投票の方法では、学生はほかの学生の投票を見ることができます。

表4-2 ● 匿名投票と非匿名投票の主な特徴

投票のタイプ	推奨Zoomツール	主な特徴
匿名	投票（Zoomのメインツールバー）	集計結果を見ることはできますが、個人の投票を見ることができません。
非匿名	ツールバー上の［リアクション］の非言語フィードバック（はい、いいえ、もっとゆっくり、もっと速く、など）	投票結果を共有するタイミングを決めることができます。

匿名投票　　　　　　　　　　　　　　　非匿名投票

図4-1 ● 匿名投票と非匿名投票の結果表示

　匿名と非匿名の投票は、混在して使用できます。以下に、それぞれの長所と短所を記しますので、どちらの投票のタイプをどの場面で使用するかを決める際の参考にしてください。

匿名投票

　Zoomでは、匿名投票に［投票］機能を使用することができます。表4-3は、この機能に関連する様々な作業と、いつ誰が実行できるかについての情報をまとめたものです。投票結果は投票を終了したときに表示され、教師が結果を共有することを選択した場合にだけ学生に表示されることに注意してください。つまり、集計された投票結果を非公開状態で確認し、その後、結果をいつどのように学生と共有するかを決めることができます。

表4-3 ●匿名投票のためのZoomの［投票］機能の作業

作業	いつやるか	誰ができるか
投票の作成	授業前	Zoomセッションを作成する人
投票の開始		
投票の終了	授業中	ホストまたは共同ホスト
投票の共有		
投票の再実施		

　これらの各作業を実行する方法の詳細なチュートリアルは、関連サイトを参照してください。

　授業中に匿名投票を起動するには、Zoomのメインツールバーの［投票］アイコンをクリックします。起動したい投票を選択し、［投票の起動］をクリックします。図4-2を参照してください。［投票］アイコンがZoomバーに表示されない場合は、追加する必要があります（手順は、後述の「技術的なヒント」を参照してください）。

図4-2 ●Zoomのメインツールバーからの匿名投票の起動

　匿名投票には、あなたからの質問に対して、学生が本当の意見を述べる可能性が高いという利点があります。これは、デリケートな質問や、学生が一般的でない意見を述べることにナーバスになってしまうような質問では、特に重要です。また、自分の答えに自信がない学生が意図的または不注意にも多数派（またはそのテーマに強いことが知られている特定の学生）の味方をしてしまう可能性があり、学生の理解度を不正確に評価してしまうおそれがあるような質問にとっても重要です［注13］。最後に、投票を匿名にすることで、学

生は結果を共有するまでほかの学生がどのように投票したかを知ることができません。私からの一般的なアドバイスは、もし活発な議論をしたいのであれば、議論が終わるまで投票の結果を共有すべきではありません。そうすれば、学生は過度にほかの学生の投票結果に影響を受けなくなります。このアドバイスの例外としては、票が割れている場合（つまり、上位2位と3位までの選択肢が同様の割合の票を集めるような場合）が考えられます。

授業で投票を起動したあとに何をするべきか

匿名投票を開始し、その結果を非公開状態で見たあと、様々なアクションをとることができます。表4-4に、いくつかのアクションの選択肢をまとめてあります。これらのなかには、Mazur（1997）や Bruff（2009）から参照したものもあれば、私自身の教育実践から得たものもあります。もちろん、これらの選択肢のいくつかを交ぜ合わせてもいいですし、様々なバリエーションを考え出してもいいです。また、まったく別のものを使ってもかまいません。これらのアクションのいくつかを実際に見たい人は、関連サイトをチェックしてみてください。

表4-4 ●投票を実施して結果を確認したあとに考えられるいくつかのアクション

	投票結果のケース	アクションの流れ			
Ⓐ	最初の投票結果が二分したので、全体でディベートをおこなう前に、少人数のグループで話し合う	少人数での議論 →	再び投票を起動 →	クラス全体での議論 →	学生に投票結果を共有
Ⓑ	最初の投票結果が二分したので、ディベートをしたい	投票結果を学生に共有 →	クラス全体で議論		
Ⓒ	最初の投票結果が割れなかった（例：大多数の学生が1つの選択肢に投票）	投票結果を学生に共有 →	教師が答えを説明するか、学生に多数派の回答の議論をさせる		
Ⓓ	学生がどのような状況か知り、議論を促すためだけに投票結果を利用する	クラス全体で議論			
Ⓔ	クラス全体での議論によって、どの程度の学生が自分の考えを変えたかを確かめたい	クラス全体で議論 →	再び投票を起動 →	クラス全体での議論 →	学生に投票結果を共有

もしあなたがいままで授業で投票を使ったことがないとしたら、始めるための小さな一歩としては、次の授業のために投票を準備し、それを起動し、結果を見て、クラスで自分の答えについて議論したり反論したりするように

学生を導くことです。もし学生に参加してもらうのが難しい場合は、「40%
の学生が反対票を投じました。誰かその理由をクラスで話してくれます
か?」などと言って、学生の何人かに議論への参加を促すのもいいでしょう。

　Zoomの投票機能を使用する場合の一つの欠点は、授業中に投票を作成す
るには、ウェブ上のZoomアカウントにアクセスし、質問を入力し、いくつ
かの考えられる回答を入力し、Zoomに戻り、投票を起動しなければならな
い、ということです。これには時間がかかります。このため、投票は授業の
前に作成しておいたほうがいいでしょう。これはZoomミーティングを作成
した人がおこなわなければなりません。この匿名投票の欠点に対処する一つ
の方法は、各クラスの投票リストにA、B、C、Dなどの一般的な回答に
なるような質問を含めることです（図4-3を参照してください）。このようにし
て、授業中に投票を使って学生に質問したい場合、一般的な投票を起動する
ことができます。

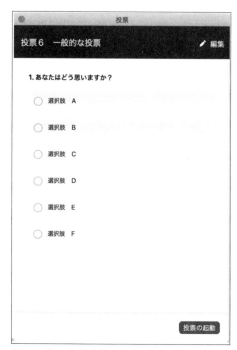

図4-3 ●一般的な投票

非匿名投票

　非匿名投票を使用すると、各学生がどのように投票したかを知ることがで

き、特定の学生になぜそのような選択をしたのかを尋ねることで投票内容を
さらに詳しく調べることができるという利点があります。これによって豊か
な議論が生まれ、あまり参加していない学生にも声をかけやすくなります。
また、投票していない学生に投票するように促すこともできます（例えば、
「リッキー、まだ投票がすんでいないようだけど、投票してくれますか?」）。

　Zoomで、非匿名投票を取り入れる最も一般的な方法は、質問をして、学
生にツールバー上の［リアクション］にある非言語フィードバックのボタン
のいずれかを押して投票させることです。そうすると、学生の投票が参加者
リストに反映され、ほかの参加者がどのように投票したかを誰もが確認でき
るようになります。

　典型的な使用例は、「はい」か「いいえ」で答える質問です。しかし、3
つ以上の選択肢がある非匿名投票を使用したい場合は、［リアクション］に
ある非言語フィードバックのほかのボタンを使用するように学生に求めるこ
とができます。例えば、答えがAだと思ったら［はい］、Bだと思ったら
［いいえ］、Cだと思ったら［もっとゆっくり］、Dだと思ったら［もっと速
く］を押してください、といった具合です。図4-4を参照してください。

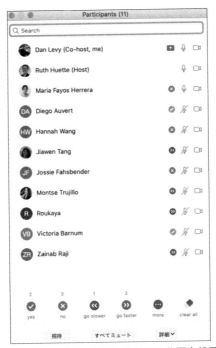

図4-4 ● 3つ以上の選択肢がある非匿名投票

　非匿名投票は、事前に作成することも、その場で作成することもできます。いつ作成するかにかかわらず、投票方法について学生に明確に伝えることが有用です。「はい」か「いいえ」で答える質問については、学生が何をすべきかを知ることはかなり明白です。ただし、その場合でも、質問をよく聞いていない学生もいることを念頭に置き、質問の内容を反映した視覚的な手がかり（スライドなど）を用意することを検討してください。さらに、回答の選択肢とZoomのボタンとの間の対応関係が明らかでない質問では、その関係を明示することが非常に重要です。図4-5のスライドの例を参照してください。

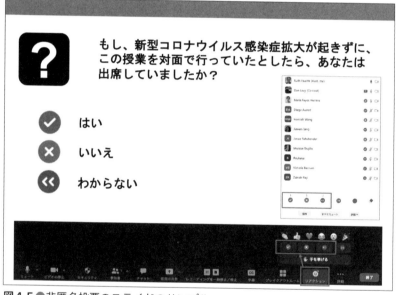

図4-5●非匿名投票のスライドのサンプル

実践篇4-2
非匿名投票を使う

　レベッカ・ネッソン（Rebecca Nesson）は、ハーバード・カレッジ・カリキュラムの副学長で、コンピューターサイエンスと数学のコースを教

えていて、非匿名投票を興味深く柔軟な方法で使用しています。彼女は授業中に頻繁に質問をし、そのあとに「答えがXだと思うなら［はい］を、答えがそれ以外だと思うなら［いいえ］を押してください」と続けます。学生が投票したあと、リストのなかから意図的に1人を選び、その学生にその選択を正当化するように呼びかけます（例えば、「ジェイミー、あなたは［はい］と答えましたね。回答の理由をクラスに説明してもらえますか?」）。この方法は、従来のコールドコール（質問をしたあとに予告なく学生を指名して質問に答えさせる方法）よりも効果的だと彼女は考えています。なぜなら、学生はすでに質問に対する答えをもっていて、返事をする準備が整っていることを彼女は知っているからです。

　レム・コーニング（Rem Koning）は、ハーバード・ビジネス・スクールでストラテジー（戦略）のコースを教えていて、ケースディスカッションで活発な議論を展開するために非匿名投票を用いています。多くのビジネススクールのケースでは、主人公は決断をしなければなりません（例えば、買うか買わないか、合併するか合併しないか、などです）。最近のオンライン授業で、彼は学生に、このケースで取り上げられた会社が「さらに同じことをする」（［はい］を押す）か、「違うことをする」（［いいえ］を押す）かを尋ねました。そして、彼の後ろに置いてあるフリップチャートに「さらに同じことをする」と「違うことをする」の2つの欄を設け、何人かの学生にそれぞれの選択肢を支持した根拠を発表するよう呼びかけました（例えば、「ベロニカ、あなたは「さらに同じことをする」を選びましたね。なぜか説明してもらえますか?」）。伝統的にビジネススクールの教室でおこなわれている教授方法を、レムがオンライン環境へ適応させる様子は、より創造的で機転が効いたものでした。図4-6を参照してください。

図4-6●伝統的な投票を取り入れる（レム・コーニング）

　最後に、投票は、クラス内での様々な場面で、学生の状況を把握するために使用することもできます。例えば、学生に課題に個別に取り組むように指示した場合、何人の学生が課題を終えているかを知るのは難しいことがあります。このような場合には、「問題を解き終えたら［はい］を押してください」と言えばいいのです。これによって、より多くの情報を得たうえで、いつ授業を再開すればいいかを判断することができます。また、もう一つの利点として、誰が課題を終えているかがわかるので、そのなかの1人を指名してその後のディスカッションをリードしてもらうこともできます。

4-2
少人数クラスでの投票の使用

　比較的少人数のクラス（20人以下）を教える場合は、前述の方法以外のやり方で学生に投票させることもできます。例えば、多肢選択式の質問をして、答えが1だと思う場合は指を1本、2だと思う場合は指を2本、といったように、学生に指を見せてもらうことができます。あるいは、学生に異なる色のカードを見せてもらうこともできます（1番目の答えには赤、2番目の答えには青など）。その後、ギャラリービューで学生のビデオ映像を素早く調べれば、投票の集計結果を把握し、特定の学生がどのように投票したかを知ることができます。この方法で投票をおこなう利点は、Zoomの投票ツールを使用するよりも、もう少し迅速に投票できるということです。

実践篇 4-3
少人数クラスでの投票の利用

　ショシャンナ・コスタント（Shoshanna Kostant）は、マサチューセッツ州にあるブルックライン高校の数学の教師です。彼女は、クラスを2つのグループに分けて、それぞれのグループで小さなセッションをおこなうことができるようにし、投票をほかの指導方法と組み合わせて、非常に創造的な方法で指導しています。

　素早く非匿名投票をしたいときには、生徒に手を使って応答を合図してもらいます（例えば、この級数が収束〔Converge〕すると思う場合は「C」の形をした手を、発散〔Diverge〕すると思う場合は「D」の形をした手を見せてください）。これによって、ギャラリービューで生徒のビデオ映像を見るだけで、生徒がどのように投票したかを非常に簡単かつ迅速に確認することができます。

　彼女が非匿名投票をしたいときは、生徒に対して自分の答えを教師だけにチャット（プライベートチャット）するように依頼します。これは、事前に解答の選択肢のリストを生徒に与える必要がないという利点があり、彼女が気づかないような生徒の誤解を見つけることができます。彼女はシンプルに「この問題を解いて、プライベートチャットで答えを送ってください」と言うことができ、その後、生徒の答えを調べて、その答えを説明してもらうために彼らを指名することができます。

技術的なヒント

- Zoomのメインツールバーに［投票］機能が表示されない場合は、追加する必要があります。この機能は現在、Zoomのベーシックプラン（無料）では利用できませんのでご注意ください。［投票］機能をZoomのメインツールバーに追加するには、以下の手順に従ってください。

　　◦ ブラウザでZoomアカウントにログインしてください。ウェブア

ドレスは所属機関の設定によって
異なります。
- ○ ナビゲーションバーで［設定］を
  クリックします。図を参照してく
  ださい。
- ○ サブメニュー［ミーティングにて
  （基本）］をクリックして、投票に
  関連する項目が見つかるまで下に
  スクロールします。オンになって
  いることを確認してください。

- Zoomの投票機能を使用して投票を起動するには、授業が始まる前に
  Zoomで投票を作成しておくのがベストでしょう。授業中には、あら
  かじめ作成しておいた任意の投票を起動することができます。
- Zoomミーティングを設定した人だけが、そのミーティング／クラス
  の投票を作成することができます。ですから、ほかの誰かがあなた
  のZoomクラスのセッションを設定している場合や、あなたがゲス
  トとして招待されている場合は、Zoomミーティングを設定している
  人に頼んで、授業前にZoomで投票を作成しておいてもらう必要が

あります。授業が始まると、ホストと共同ホストの両方が、投票を
起動したり、結果を共有したりすることができます。

- 投票の結果を共有すると、学生のZoom画面の手前に結果のウィンド
ウが表示されます。投票結果の共有を停止すると、このウィンドウ
は表示されなくなります。

- Zoomの投票機能はかなり基本的なものです。多肢選択式（回答者は1
つの回答だけを選択できます）または複数回答式（回答者は1つ以上の回答を
選択できます）の2種類の質問しか作成できません。より多くの機能
（回答者が単語を入力するとワードクラウドが作成される質問など）を提供する
投票アプリケーション（polleverywhere、mentimeterなど）もあります。
これらの投票アプリケーションをZoomと一緒に使用し、チャット
にリンクを送信するなどして、学生には投票に答えるために外部サ
イトを開いてもらうことができます。別のアプリケーションを使用
することの欠点は、学生がすでにZoomのために複数のウィンドウ
（ギャラリービュー、参加者リスト、チャット、メモをとるために使用するプログ
ラムなど）を開いているので、投票アプリケーションをZoomとは別
に使用する場合は、もう1つ余分にウィンドウを開くことになること
です。学生が1台のノートパソコンですべてを管理している場合や、
技術的にあまり詳しくない場合は、この欠点が特に顕著になりま
す。まとめると、Zoomの投票機能は便利ですが、強力ではありませ
ん。私は、実際の教室では、より洗練された投票ソリューションの
大口利用者でしたが、オンラインでの投票はZoomに頼る傾向があ
ります。近い将来、Zoomの投票機能が改善されること、または、よ
り洗練された投票アプリケーションがZoomと統合されて、学生が
Zoomのインターフェイスから離れることなく投票できるようになる
ことを期待しています。

- Zoomの投票機能を使って、非匿名投票をおこなうこともできます。
実際には、これがZoomのデフォルト設定です。しかし、Zoomが非
匿名投票と呼ぶものは、授業後にしか各学生がどのように投票した
かを名前とともに表示するレポートをダウンロードすることができ
ません（Zoomミーティングに登録済みの学生を想定しています）。このレポ
ートは授業中には利用できませんので、授業後の分析には役立つか
もしれませんが、授業中に誰を指名するかなどを決めるには便利で
はありません。そのため、非匿名投票をおこなう場合は、本章で説
明したように、ツールバー上の［リアクション］にあるボタンを使

って学生に投票してもらうことを勧めます。

投票を利用する場合のチェックリスト

□授業でどの投票機能を使うかを決めてください。
□匿名投票の場合、あらかじめ授業前にZoomで投票を作成しておきましょう。
□非匿名投票の場合、投票方法を明確に指示するか、または視覚的にわかるようにしてください。
□学生が投票したあとの明確な計画を立てておきましょう。

第4章のまとめ

• 投票は、学生を授業に引き込み、彼らの理解度や状況を評価し、より柔軟な方法で教えるために非常に有用なツールになります。
• 使用する投票について、匿名にするか非匿名にするかを検討してください。この選択にはトレードオフがあり、これらをZoomに実装するための私の推奨するアプローチは異なります（匿名投票にはZoomの投票ツール、非匿名投票にはZoomのリアクションのボタン）。
• 投票の結果を知ったあとに何をするかは、慎重に検討してください。主な選択肢としては、クラス全体で討論をおこなう、特定の学生に自分の投票理由を説明するよう求める、ブレイクアウトルームでさらに質問に取り組むように学生を割り当てるなどがあります。これらの活動のいずれかをおこなったあと、クラスの意見が変わったかどうかを確認するために、再投票の可能性を検討してください。

第5章
書く

　投票は学生の意見を素早く集約するのに非常に便利ですが、多肢選択式の投票を使用するよりも、それほど構造化されていない方法で学生の心のなかにあるものを知りたいと思うこともあるでしょう。Zoomのチャット機能を使えば、授業の進行に合わせて、あるいは、あなたからの問いかけに応じて、学生は考えていることをチャットに書き込むことができます。もしあなたが授業中に、学生が心のなかで考えていることを思考の泡（吹き出し）のなかに見られたらと夢見たことがあるとすれば、オンラインライブ授業でのチャットの使用を検討してみてはいかがでしょうか。

図5-1 ●思考の泡

　ただし、オンラインライブ授業でのチャットの使用には賛否両論あります。一部の講師は、学生がチャットを自由に使用することを奨励していますが、多くの講師は制限（学生が書いているものを誰でも見ることができるのか、あるいは講師だけなのかなど）し、ほかの講師は単に禁止しています。学生の間で

も意見が分かれているようで、授業に参加するのに便利な方法だと思う人もいれば、気が散ると思っている人もいます。表5-1は、オンラインライブ授業でチャットを使用する主な利点と欠点を示しています。最後の行は、学生がほかの学生が何を書いているかを見ることができるZoomの最も自由な（デフォルトの）設定を使用していることを前提としています。

表5-1●授業中にチャットを利用することの利点と欠点

主な利点	主な欠点
＋実際の教室よりも効率的に学生の心のなかにあるものを素早く確認することができます。 ＋授業中に対処あるいは明確にしなければならない問題を提示し、明らかにするのに役立ちます。 ＋技術的な問題を迅速に解決することができます。 ＋授業中に発言することをためらっている学生のために、授業に貢献できる場を提供します。 ＋投票と同じように、より多くの学生が積極的に授業に関与し、参加することができるようになります。	ー教師の気が散るかもしれません。 ー授業中にほかの多くのことを管理しようとしている間は、監視するのは難しいかもしれません。
学生がほかの学生が書いている内容を見ることができる場合	
＋あなたが介入しなくても、学生がお互いに学ぶことができるようにします。 ＋学生やTAが、授業の流れを止めることなくほかの学生の質問に答えるのを手伝うことができます。 ＋より豊富な視点を授業に持ち込むことができます。 ＋学生同士が交流し学び合うことで、コミュニティを形成します。	ー学生の気が散ることがあります。

　この表は、チャットの使用には欠点よりも利点のほうが多いことを示唆していますが、欠点のほうが深刻な場合、これは思い違いになるかもしれません。以下でそれらについて説明しますが、その前に、チャットを愛用している1人の教育者の例を探って、ライブのオンライン授業でチャットを使用する方法を検討します（「実践篇5-1」を参照してください）。

実践篇5-1
コミュニケーションの追加チャネルとしてのチャット

　デボラ・ヒューズ・ハレット（Deborah Hughes Hallett）は、ハーバード・ケネディスクールとアリゾナ大学で数学関連のコースを教えている受賞歴がある数学者で、対面授業には見ることと話すことの2つのコミ

ュニケーションのチャネルがあると主張しています。彼女は自問します。「学生は笑っているだろうか？　しかめっ面をしている？　だらけた姿勢をしている？　身を乗り出している？　学生の質問と回答はかみあっているだろうか？　混乱している兆候はないだろうか?」。彼女は、Zoomのチャットを利用すれば第3のチャネルを追加できると主張しています。彼女は、この追加チャネルを使用するためのケースを次のように明確に説明しています。「物理的にも仮想的にも手を挙げることを躊躇していた学生が、チャットで質問や回答をしてくれることがよくあります。ほかの学生は、回答が文脈に合っていないかぎり、話すために指名されることはないということがわかっていて、安心してチャットに答えを書き込むことを好むかもしれません。PowerPointを見ながら、Zoomの挙手にも注意を払い、そしてチャットにも目を配りながらクラスを管理することは難しい仕事です。しかし、クラスで無言の参加者が利用できる第3のチャネルをもつことは、実際の教室に戻ったときには見逃されるだろう大きな利点です」

5-1
チャットの主な用途

教師からの問いかけに対して学生に応答させるためのチャットの使用

　学生にチャットへの書き込みを指示することは、特定のトピックや問題について彼らが何を考えているかを素早く知るために非常に効果的な方法です。実際の教室では、質問してから数人の学生に口頭で回答してもらっていたと思います。このプロセスは順番におこなわれる（つまり、教師はすべての学生が同時に話すことを望まない）ため、チャットツール（複数の学生が同時に書き込むことができる）を使用するよりも時間がかかり、参加する学生の数も少なくなります。

　チャットを使用することで、学生の反応のなかから興味深いパターンを素早く見つけ、特に興味深いコメントを引き出して口頭で議論したり、もっとクラスに参加するように促したい学生にチャットのコメントを詳しく説明させたりすることができます。従来の実際の教室では、このようなことをおこなうのは非常に難しく、時間がかかるものでした。

　以下に、チャット機能がうまく機能する質問のいくつかの実例を示します。もちろん、ほかにもたくさんあります。重要なのは、チャット機能に合った質問を見つけようとするのではなく、学生の心のなかにあることを知りたいと思う質問を本質的に考え、チャットがそのための適切な手段であるかどうかを自問することです。そうする過程で、実際の教室ではいままで考えたこともなかったような質問が思い浮かぶかもしれません。

　特定の質問がチャットに適しているかどうかを判断する際に、次の2つの要素を念頭に置いておくといいでしょう。①典型的な回答がどのくらいの長さになると予想するか（コメントを素早く収集して処理する能力の観点から、数語または1、2文が理想的です）、②どのくらいの学生が投稿すると予想するか（学生数が多いほど、質問をより細分化し、学生の回答は短くする必要があります）。

表5-2 ●学生がチャットを使って回答するために考えられる問いかけ

問いかけの例	ゴール
Xという言葉を聞いて、最初に思い浮かぶ言葉は何ですか？	学生の、概念やアイデアに対する最初の理解度を評価し、潜在的な誤解を特定します。
Yを説明するために、どのような例が思い浮かびますか？	学生が、議論のなかで活用できる幅広い例題を思いつくのを助けることを目的とした、参加しやすい短い質問です。
これまでの教材について何か質問はありますか？	明確にする必要があることを発見するのに役立ちます。また、クラスで答える質問をより選択しやすくすることができます。
この概念やアイデアを自分の生活にどのように応用しますか？	学生が学んだことを応用できるようにします。通常、この種の質問には学生にもう少し時間を与える必要があります。
Xの利点／欠点は何ですか？Xをする理由は何ですか？	会話を始めるのに使えるリストをすぐに作成できます。
今日の授業であなたが学んだ重要なポイント（学習成果）は何ですか？	学生の振り返り（学習につながるプロセス）を助け、学生が授業から何を学んだかを教師が理解し、教師が計画していたことと比較することができます。
先週末は何をしましたか？	授業前のコミュニティ意識を醸成します。

　ライブのオンライン授業で学生とコミュニケーションをとるときには、明示的にすることが重要という一般的なテーマと同じく、学生にチャットを書き込むように要求しているときには、学生が参照できる視覚的なもの（例えば、スライド、ホワイトボードなど）にプロンプトを書くことが役立つことがあります。プロンプトには、回答にどれくらいの時間をかけられるかを示すこともできます。以下の例を参照してください。

インパクト評価と聞いて、
真っ先に思い浮かぶのは
何でしょうか？

［2〜3語で書くこと］

チャット

図5-2●チャットに書き込むよう学生に指示する質問のスライド

実践篇5-2
プロンプトに応じたチャットの使用

　テディ・スヴォロノス（Teddy Svoronos）は、ハーバード・ケネディス
クールの講師であり、効果的に教えるためにテクノロジーを使用するこ
とに最も長けた人物で、学生の心のなかにあるものを見つけ出すために
チャットを頻繁に使用しています。最近の授業では、特定の統計手法の
選択に関連する方法論的で実践的な基準をチャットに書くよう学生に求
めました。数秒以内に、十数個のコメントが寄せられました。彼はそれ
らのなかからいくつかを選び、授業中に口頭で言及し、学生に見せてい
たスライドに書き込みました（図5-3を参照してください）。授業の最後に
は、学生にセッションで得られた重要なポイントを書いてもらい、学生
が何を学んだかをよりよく理解するとともに、次の授業への出発点とし
ました。

Zoom Group Chat

From Montse Trujillo to Everyone: 3:39 PM
そのとおり！

From Ruth Huette to Everyone: 3:45 PM
統計的検出力

From Zainab Rail to Everyone: 3:45 PM
結果のチェリーピッキングはいつまで許容されるのか？

From Roukaya to Everyone: 3:45 PM
統計的有意性が十分でない

From Jossie Fahsbender to Everyone: 3:45 PM
多重検定

From Maria Fayos Herrera to Everyone: 3:45 PM
実用上の意義をどう評価するか？

From Montse Trujillo to Everyone: 3:46 PM
HIVの有病率が高い国は、そのような#api2019の国ほど検査の精度が高い確率が高いため、定期的なHIV検査に関する義務的な政策にコミットすべきである

From Diego Auvert to Everyone: 3:46 PM
ベイジアンになろう！

From Jiawen Tang to Everyone: 3:46 PM
結果の実用的な意義は何ですか？

From Jossie Fahsbender to Everyone: 3:46 PM
外的妥当性はどうなのか？

宛先： 匿名 ▼   ファイル
ここにメッセージを入力します…

方法論についての懸念
1) Low statistical power   低い検出力
2) cherry picking   チェリーピッキング
3) Multiple testing   多重検定
4)
5)
6)

図5-3 ● チャットのコメントをもとにスライドに注釈を付ける（テディ・スヴォロノス）

授業中に事務的または後方支援的な事項を連絡するためのチャットの使用

　チャットは、授業を運営するためのロジスティクスに関連することを伝えるための最も効率的で控えめな方法です。講師として、次のようなメッセージを伝えるために使用することができます。

- 授業は2分後に始まります。
- 授業が始まったら、グループ3に前回の授業で得た重要なポイントを発表してもらいます。グループの発表者を指定し、準備ができてい

ることを確認してください。

- これは、あなたに見てもらい取り組んでほしいサイトへのリンクです（例えば、次のブレイクアウトルームのためのGoogleスライド）。

図5-4 ● 学生にチャットを送信して授業開始の準備をさせる（レベッカ・ネッソン）

学生たちは、次のようなメッセージを伝えてくるかもしれません。

- スライドが見えません。
- よく聞こえません。
- もう一度、指示を繰り返してもらえますか？
- この活動にどれくらいの時間がありますか？

　学生の質問には仲間が答えることができるので、質問に答えるために授業を一時停止することなく続けることができます。また、チャットでの学生からのコメントのあとに、その最初のコメントに関する複数の学生からのコメントが続く可能性があることにも注意してください。これは、この問題が学生にとって重要であり、授業中に口頭で確認するのが助けになる可能性があることを示しています。

プライベートモードでのチャットの使用

　Zoomのいくつかの設定では、これまで説明してきたようなすべてのコメントをほかの学生や講師全員が見ることができる公開チャットよりも高度な使い方が可能です。Zoomのデフォルト設定では、学生は教師やほかの学生に対して、個別にメッセージを書き込むことができます。設定を変更することで、これらの種類のメッセージの一部を許可し、そのほかを許可しないようにすることができます。その方法は、後述の「技術的なヒント」を参照してください。

　以下に述べるような、ある特定のルールのもとでチャットを使用すること
にした場合、ルールを確立する際に、これらの設定の使用を指定するといい
でしょう。例えば、学生のなかに技術サポートの問題に対処するのを支援で
きる人がいる場合、特定の個人にしか関係ない技術的な問題でクラスのほか
の学生の気を散らさないように、その人に個人的にチャットをするように学
生に奨励することができます。

フリーフローでのチャットの使用

　学生は、授業中に自分が考えていることをチャットに書き込みます。コメ
ントのなかには、口頭またはチャットで示されているポイントに同意した
り、反論したり、補足したりする意見を表現するものがあります。いくつか
のチャットコメントのあとには、それに同意したり、議論したり、補足した
りするほかのチャットコメントが続きます。このような場合、バーチャルな
教室で音声とチャットによる2つの会話が並行しておこなわれているように
感じることがあります。学生がこれら2つの会話のいずれかに関連する（ま
たはいずれにも関連しない）リンクをチャットに投稿することもあります。実際
には、複数の学生が同時にチャットに書き込むこともあるため、2つ以上の
会話が同時におこなわれることがよくあります。そのため、チャット内で複
数の会話スレッドが発生します。こうした事態が想定できるため、一部の教
育者や学生は、ライブのオンライン授業でのチャットの使用に反対していま
す。

図5-5●フリーフロー形式のチャットを使用する教室でいくつかの会話が可能になる

5-2
チャットに反対するケース

　オンライン授業でのチャットの使用に反対する主な理由は、講師と学生の双方にとって気が散りすぎるということです。講師にとって、授業中にチャットを監視するのは難しいことです。典型的なオンライン授業では、授業計画の実行以外にも多くのことに注意を払っています。例えば、学生の非言語による合図を読み取るためのビデオ映像、誰が順番に手を挙げているかを把握するための参加者リスト、提示しているスライドやビジュアル、時間管理のための時計、などです。このリストにチャットウィンドウの監視を追加することは、特にライブセッションをオンラインで教えるのが初めての場合や、技術に慣れていない場合には、大変な作業のように思えるかもしれません。

　この問題に対処する一つの方法は、チャットを監視するためにほかの誰か

を指名することです。理想的なのは、授業内容や授業計画に精通しているティーチングパートナーまたはティーチングアシスタント（TA）であり、何をすればいいか判断を下すことができる人です。これが不可能な場合でも、誰かにチャットを監視してもらいたい場合は、この役割を果たすために誰か（おそらく学生）を割り当てて、いつ、どのような問題に注意を向けるべきか指示を与えることができます。または、チャットをチェックする予定の時間を指定し、その時間にだけチェックすると学生に伝えることができます。最後に、私やほかの多くの教育者の経験では、練習することでチャットを監視することができるようになります。最初のうち、Zoomに慣れておらずすべてが初めての場合にはそれを管理するのは難しいですが、しばらくすると簡単になります。

実践篇 5-3
誰かにチャットを監視してもらう

　ジュリー・ウィルソン（Julie Wilson）は、ハーバード・ケネディスクールの上級講師であり、先日、中堅の専門家向けのプログラムで授業をしていました。彼女は、授業中に声をかけたい学生のリストと、そのセッションで達成したいことを私に教えてくれました。授業中のいくつかのポイントで、私は「ジュリー：チャットでは、いくつかの学生がこの文脈でセオリー・オブ・チェンジ（theory of change）という用語について困惑を示している」「ジュリー：アフマドはセオリー・オブ・チェンジが不完全であることを主張した」などの書き込みを挟みました。私は、書き込みが対話を豊かにし、彼女の流れを妨げないことを確実にしたかったので、彼女が一時停止して「ダン：チャットのなかに我々が取り上げたほうがいいものはありますか?」と尋ねるときを選んで、書き込みをしました。このプロセスによって、ジュリーは自分で監視することなくチャットを活用できました。

　チャットの第2の（そして私の考えではより大きな）問題は、学生の気が散ってしまう可能性があるということです。多くの人が自分はできると信じているにもかかわらず、ほとんどの人がマルチタスクを上手にこなせないことを

示唆する十分な研究があり、問題をより複雑にしています［注14］［注15］。チャットの使用を観察した私自身の経験では、チャットでの会話は頻繁に話題からそれてしまうことがあります。そして、たとえ話題に沿っていたとしても、2つの別々の会話に注意を払おうとするのは、認知的に負担がかかります。最後に、チャットに投稿された任意のリンクは、学生がそのソースを表示するためにリンクをすぐにクリックしたくなるので、気を散らす可能性があるさらに別のソースへの誘惑になってしまいます。

5-3
決定

　チャットを使用するかどうか、また使用する場合はどのように使用するかは個人の判断になります。私が勧めるのは、この決定を慎重におこない、あなたの選択とその背景にある理由を学生に明確に伝えることです。あなたの選択肢は、以下のとおりだと思います。

- チャットの使用を完全に禁止します。
- 特定のルール（いつ使用するか、プライベートかパブリックか、など）のもとでチャットの使用を許可し、これらのルールをどのように課すかを決定します（例えば、学生にそれらを受け入れるように促すか、またはZoomの設定を変更することによって制限をかけるなど）。
- 自由にチャットを使用することを許可します。

　チャットの使用を完全に禁止したい場合は、学生がZoomの外で彼らのやり方でチャットを使用するかもしれないことを念頭に置いてください。この場合、彼らはまだチャットをしていますが、学生たちが何についてチャットしているのかわからないでしょう！　学生がWhatsAppグループやSlackチャネルを使ってこのようなことをしているのを見たことがあります。

　現時点での私の見解なので、時間がたてば変わるかもしれませんが、自分に合った一連のルールを開発できれば、チャットは非常に有益なものになるでしょう。表5-3は、あなたが採用を考えるかもしれないルールの例です。今後数年のうちに、本章で提起するチャットを使用するうえでの課題のいくつかに対処できる技術的な進歩があるのではないかと思っています。

表 5-3 ●チャットの利用基準のサンプル

厳格なルール	緩やかなルール
・技術的なサポートのためにはプライベートに使用してください。 ・私の指示があった場合だけパブリックに使用してください。	・技術的なサポートのためにはプライベートに使用してください。 ・クラスに関連した質問やコメントにはパブリックに使用してください。

　最後に、あなたがどんなルールを採用することにしたにせよ、まだそれがあまりにも気が散ると思うか、またはそれを使用したくないと思いながらも、チャットで何か重要なことを見逃すかもしれないと心配している学生がいるに違いありません。彼らの懸念に対処するための一つの可能な戦略は、これらの学生にチャットウィンドウを閉じる選択肢を与え、時間的な配慮が必要でクラス全体に関連しそうなチャットでのコメントは口頭でクラス全体に発表することを伝え、授業後にチャットの記録を利用できるようにすることを示してください（例えば、LMS〔学習管理システム〕に掲示するなど）。あなたは、Zoomアカウントでチャットの記録にアクセスすることができます（その方法は、関連サイトを参照してください）。または、ライブセッションを終了する前に、すべてのテキストを選択してチャットの内容をコピーすることができます。後者の場合、チャットコメントのすべてがコピーされることに注意してください（プライベートチャットで学生と共有したものを含みます）。そのため、一般的には、チャットコンテンツを共有するために「コピー＆ペースト」する方法は勧めません。

チャットを利用する際のチェックリスト

□ルールを確立して伝えてください。これらのルールを遵守させるためにZoomのチャット設定を変更することを検討してください（以下の「技術的なヒント」を参照してください）。

□ルールに違反している場合は、行動を起こしてください。

□誰がチャットを監視するかを決定します。それがあなた以外の誰かである場合は、いつ、どのように、チャットのコメントに返事をしてもらうかや、チャットコメントをあなたの注意を引くようにもってきてもらいたいかを調整してください。

□授業中に計画しているすべての質問について、チャットが学生の声を集めるために生産的な手段であるかどうかを評価してください。

技術的なヒント

- セッションの開始後にZoomのチャット設定を変更するには、チャットウィンドウの下部にある3つの点がある四角のボタンをクリックして、お好みのオプションを選択してください。設定の変更方法は図5-6を、Zoomの現在の設定は表5-4を参照してください。また、ウェブブラウザでZoomアカウントにログインし、［設定］タブに移動することで、すべてのZoomミーティングのZoomチャットのデフォルト設定を変更することもできます。

図5-6●Zoomでのチャット設定の変更

表5-4●Zoomの現在の設定

設定がどの程度厳しいか		参加者はチャットを	手段
非常に厳しい		誰ともできない	あなたはチャットの使用を禁止しています。チャット機能を使用して学生にメッセージを送信することはできますが、学生はメッセージを送信したり返信したりすることはできません。
厳しい		ホストだけ	学生はあなた（および共同ホスト）にプライベートメッセージを送ることができますが、そのメッセージはほかの学生（共同ホストとして指定している場合を除く）には見えません。
自由		みんな（公に）	学生はチャットにメッセージを書き込むことができ、あなたとセッション内のほかの誰もが見ることができますが、お互いにプライベートメッセージを送信することはできません。
非常に自由		みんな（公私ともに）	学生は、ほかの誰にでも見えるメッセージを送信したり、ほかの学生にプライベートメッセージを送信したりすることができます。

第5章のまとめ

- チャットは、学生の心のなかにあるものを知るための非常に迅速かつ効率的な方法であり、学生にクラスに参加するための追加的な方法を提供します。
- チャットを使用することにはいくつかの利点がありますが、教師と学生の双方にとって気が散ってしまうことがあります。
- チャットを使用する場合、いくつかのルールを確立し、学生に伝えてください。

第6章
グループワーク

　グループワークがもたらす効果は、教育や学習に関する文献で明らかにされています［注16］。多くの学生が参加するオンラインライブ授業では、クラス全体を小グループに分けることによって、参加者を引き込み、ワークや振り返りをおこない、仲間から学ぶことができます。グループワークで、学生に意義ある課題を与え、質問をすることで、学生が教材に取り組み、授業で起こったことを把握して、その意味を理解し、クラス全体では質問しづらいことを質問する機会を増やすことができます。また、グループに分かれて学習することではじめて、教材を学ぶ人が直面する困難な課題を自分よりもよく理解している人から学ぶ機会を得ることができます。クラス全体でディスカッションをすると、小グループでおこなうときよりも、発言していない学生が関心を失いやすいでしょう。

　学生をグループに分けて作業させることには、欠点もあります。授業のコントロールを失っているように感じるかもしれません。また、学生に何をしてほしいかを明確に計画しないと（詳細は後述します）、学生は期待するほど生産的な時間の使い方をしないかもしれません。

　Zoomでは、「ブレイクアウトルーム」と呼ばれる場所に学生を割り当て、そこで一定の時間作業させることができます。ブレイクアウトルームはZoomの機能で、グループごとに別々のセッションに分割するものです。学生がブレイクアウトルームに割り当てられると、Zoomのインターフェイスは、グループ内の学生しか見られないこと以外は通常のZoomのインターフェイスと同じです。参加者リストとチャットは、ブレイクアウトルームの学生には非公開になります。この間、あなたはこれらのルームを訪問して会話を聞くことができ、いつでも好きなときに学生をメインルームに戻すことができます。

　ブレイクアウトルームを作成して学生を割り当てるには、Zoomのメインツールバーの［ブレイクアウトルーム］をクリックする必要があります。こ

の項目が表示されていない場合にツールバーに追加する方法は、後述の「技術的なヒント」を参照してください。

図6-1●Zoomのメインツールバーを使用したブレイクアウトルームへの学生の割り当て

　多くの学生がブレイクアウトルームを非常に肯定的に捉えています。ハーバード・ケネディスクールの学生を対象にした最近の調査では、何が学習に効果的だったかという質問に対して、回答者の3分の1以上がブレイクアウトルームを挙げています。ある学生は、ブレイクアウトルームは「たしかに打ち解けた雰囲気を作って参加を促します」とコメントしています。別の学生は「ブレイクアウトルームは、実際に会っているように仲間と親密な会話をするのに適しています」と述べています。また、ハーバード・ケネディスクールのオンラインエグゼクティブ教育プログラムでは、多くの参加者がブレイクアウトルームを学習とほかの参加者を知るための重要な要素と指摘しています。

　オンライン学習でのほかの技術的ツールと同様に、ブレイクアウトルームを使用する際に最も重要なことは、達成すべき目標を明らかにすることです。グループに割り当てられたタスクと成果物を明確にし、適切な時間枠を設定することは、非常に有効です。何人かの学生は、自分たちが何をすることになっているのかを明確に理解しないままブレイクアウトルームにいることが多く、それを理解しようとして多くの時間を無駄にしていたと報告しました。また、タスクが明確になっていない場合や、タスクを完了する責任を感じていない場合には、ブレイクアウトの時間を雑談に費やしがちだと報告しました。図6-2のスライドのサンプルを参照してください。

グループ活動　– 指示

ブレイクアウトルーム

1. 右のURLにアクセスする bit.ly/breakout-work
2. あなたの指定された**ブレイクアウトルームの番号**に対応した スライドを見つける。
3. スライドにあなたの名前と**自己紹介**を書く。
4. スライドを**埋める**。
5. **タイムキーパーを決める。20分の活動時間がある。**
6. あなたたちのグループが呼ばれた時に、スライドを説明する 人を決める。

図6-2●ブレイクアウトルームに割り当てる前に学生に示すスライドのサンプル

6-1
ブレイクアウトルームの主な使い方

　ブレイクアウトルームは様々な目的で利用することができます。ここでは、主要な3点に絞って説明します。それは、①質問に答えるため、②成果物を作成するため、③コミュニティを作るため、です。

ブレイクアウトルームを利用して質問に答える

　授業の核になる質問をして、学生が議論や振り返りをすることが有益だと思う場合、ブレイクアウトルームは有効なツールになるでしょう。このための典型的な教育上の構成手法は、幼稚園から高校卒業までK-12で広く使われている共同学習戦略である「シンク・ペア・シェア（Think-Pair-Share）」です［注17］。この名称は、以下の活動の順序に由来します。

- Think（考える）：学生に特定の質問や問題について自分で考えるように指示します。
- Pair（ペアを組む）：学生にペアを組んでもらい、質問や問題について話し合ってもらいます。
- Share（共有する）：学生にペアでのディスカッションから得た重要な

知見をクラス全体に共有するように指示します。

　これは、オンラインで教える際に様々な方法で修正して利用できます。最も有効な方法の一つは、「考える」パートのあとに投票することです。投票の結果、クラスで意見が分かれていることがわかったら、「ペア」のパートに進みます（詳細は、第4章「投票」の表4-4のA行を参照してください）。このような「シンク・ペア・シェア」と投票の組み合わせは、高等教育では「ピア・インストラクション（peer instruction）」と呼ばれることが多く、エリック・メイザー（Eric Mazur）が物理学を教えるために広めたアプローチで、現在ではほかの多くの分野で広く使われています。

　オンラインライブ授業では、ブレイクアウトルームは一連の流れの「ペア」の部分に使用されます。グループは2人以上の場合もあるので、「ペア」を文字どおりに捉える必要はありません。グループの人数をやや多めにすると、グループ内の全員の投票結果が同じになる可能性が低くなります。後述の「グループごとに何人の学生を割り当てるべきか」を参照してください。

実践篇6-1
ブレイクアウトルームを利用して質問に答える

　レベッカ・ネッソン（Rebecca Nesson）は、ハーバード・カレッジ・カリキュラムの副学長で、ハーバード大学でコンピューターサイエンスと数学を教えていて、ブレイクアウトルームを使って学生に一連の難問に答えるように指示しています。最近の授業では、授業の最初に数分かけてその日の内容を説明し、その後、学生に3つの質問に答えるように課しました。学生は問題が掲載されたPDF文書にアクセスし、グループに分かれて議論しました。数学の問題に解答するためには公式や方程式を書く必要があったため、学生は様々なツール（Zoomのホワイトボードやコンピューターの追加機能のLaTex方程式など）を使用しました。学生がグループで作業をしている間、レベッカとティーチングアシスタント（TA）がブレイクアウトルームを手早く訪問して、議論を見守ったり、深い質問をして会話を促したりしました。ブレイクアウトルームが終了し、学生がメインルームに戻ったあと、3つの質問に対する答えを確認して新たな質問を出しました。ブレイクアウトルームではすでに学生が

質問についてよく考えて解答を導こうとしていたので、とても充実した議論になりました。

ブレイクアウトルームを利用して成果物を作成する

　ブレイクアウトルームを利用する方法の一つとして、学生に成果物を作成するように求めることができます。つまり、共有の文書、スライド、グラフ、スケッチなどです。ブレイクアウトのグループに具体的な成果物を作成するように求めると、特に作品発表の機会があることを知っている場合は、学生は目の前の課題に集中できます。また、学生の学習を目に見えるように（教師や学生自身、ほかの学生にも）示すことができるので、教育的にも多くの利点があります［注18］。

実践篇6-2
ブレイクアウトルームを利用して成果物を作成する

　カレン・ブレナン（Karen Brennan）は、ハーバード教育大学院で教育とテクノロジーに関するいくつかのコースを教えていて、ブレイクアウトルームを非常に興味深い方法で使っています。しかし、彼女が何をしているのかを話す前に、状況を整理しておきましょう。カレンの授業を見ていると、美しい音楽が演奏されているのに指揮者の姿がほとんど見えないコンサートを見ているようです。学生は授業中にすべての作業をしているように見えます。一見すると、カレンはほとんど何もしていないように見えるのに、どうしてこんなにうまくいっているのだろうと不思議に思うかもしれません。しかし、彼女や学生たちと話すとはじめて彼女とティーチングチームが授業前にどれだけの努力をして学生たちに個別に、あるいは小グループに分かれて、アドバイスや指導をしているのかということがわかります。まるで魔法のようです。

　最近の授業では、カレンはある学生のグループにその日のトピックについてのプレゼンテーションをしてもらい、ブレイクアウトルームでクラス全体がおこなう活動内容を説明することからセッションを始めました。カレンとティーチングチームは、このグループに事前にプレゼンテーションをするよう指示し、概要を説明していました。このグループが

プレゼンテーションを終えたあと、カレンは授業前のアンケートへの回答に基づいて、その日のトピックに関連して同じような関心をもつ学生を組み合わせて、全学生をブレイクアウトルームに割り当てました。ブレイクアウトルームでは、どのグループも明確なタスクに集中し、自分たちの作業をGoogleスライドに記録しました（その方法について興味があれば、後述の「実践篇6-4」を参照してください）。授業の冒頭に発表したグループの学生は、各ブレイクアウトルームに割り振られ、議論のファシリテーターとしての役割を果たしました。ブレイクアウトが終了したあと、各グループはブレイクアウトルームで作成したスライドを2分以内でクラス全体に発表するように求められました。

ブレイクアウトルームを利用してコミュニティを作る

ブレイクアウトルームのもう一つの利用法は、単にコミュニティを作ることです。ほかの目的でブレイクアウトルームを利用する場合にもこのようなことが起こりがちですが、コミュニティ作りを主な目的として利用したいときもあるでしょう。実践例は、第11章「コミュニティの構築」を参照してください。

6-2
ブレイクアウトルームの実施

オンラインライブ授業中にブレイクアウトルームを利用するにあたり、多くの質問が挙げられます。以下では、いくつかの重要な質問とその回答を紹介します。

学生をグループに割り当てるには

授業中に学生をブレイクアウトルームに割り当てる方法は3つあります。①自動で割り当てる、②手動で割り当てる、③参加者によるルーム選択を許可、です（授業前にブレイクアウトルームに学生を割り当てることもできますが、一般的には勧めません。その理由は後述の「技術的なヒント」で説明します）。本章では、これらの3つの基本的な方法について解説します。どの方法でも、以下に示すように、Zoomでの手順は同じです。

表6-1●ブレイクアウトルームに学生を割り当てる主な方法

割り当て方法	説明
自動で割り当てる	学生はブレイクアウトルームにランダムに割り当てられます。最も簡単かつ素早く実行できます。
手動で割り当てる	Zoomのホストが学生を各ブレイクアウトルームに手動で割り当てます。この方法では、どの学生をどのルームに割り当てるかを慎重に検討できます。そのコース全体（または、その一部）を通して、固定したメンバーでグループを構成することもできます。
学生に選ばせる	学生は好みや教師の指示に従ってグループを選べます。学生は自分自身でルームからルームへ移動できます。これは、ブレイクアウトルームに学生を割り当てる方法のなかで最も柔軟な方法です。

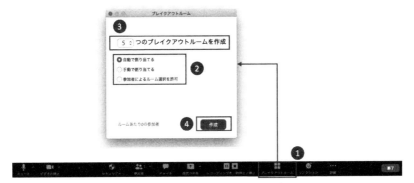

図6-3●授業中に学生をブレイクアウトルームに割り当てる

　自動で割り当てる方法は最も簡単です。計画を立てる必要はありません。授業中にグループを割り当てる準備ができたら、Zoomのメインバーの［ブレイクアウトルーム］をクリックして、プロンプトが表示されたら［自動で割り当てる］を選択し、グループ数を入力するだけです。自動で割り当てると、学生は異なるブレイクアウトルームにランダムに割り当てられます。これを授業中のセッションで何度かおこなうと、学生は毎回、異なるグループと関わり合うようになるでしょう。

　簡単にできるという利点のほかに、ランダムに割り当てる場合のもう一つの利点は、普段は交流がない学生が一緒に作業をするかもしれないことです。また、コース中にブレイクアウトルームを頻繁に使用する場合、ランダムに割り当てることで、学生がクラスのほかの多くの学生と知り合えるかもしれません（実際の教室では、一般的に学生は主にすでに知っている学生や隣に座っている学生と交流する傾向があるのとは対照的です）。

　とはいえ、毎回、異なるグループで作業すると、ブレイクアウトルームで

の時間の一部は自己紹介に費やされ、学生は互いに意見が合わないときに気詰まりに感じるかもしれません。これは授業前に学生同士が知り合いでない場合は特に当てはまることですが、すべての教育がオンラインでおこなわれている環境ではかなり一般的です。このため、ブレイクアウトルームに学生を割り当てる際には、以下に記すほかの2つの方法のうちの1つを用いることを好む教師もいます。

　手動で割り当てる方法は、各学生をどのグループに割り当てるのかを完全に管理できますが、自動で割り当てる方法よりも少し作業が必要です。特に学生数が多い場合は、手動での割り当てには時間がかかります。この問題に対処するための方法は、後述の「技術的なヒント」を参照してください。

　ブレイクアウトルームに学生を意図的に割り当てたいと考える理由はいくつかあります。例えば、授業中のブレイクアウトルームでの活動のなかで、その科目があるプロジェクトに取り組んでいるグループを引き合わせたいと思うこともあるでしょう。学生に前回のブレイクアウトルームで取り組んだ作業を発展させてほしいと思うこともあるでしょう。最後に、そのコースを通して何回か共同で作業することによって、コミュニティを作り、関係を強めてほしいと思うこともあるでしょう。

　ブレイクアウトルームに学生を割り当てる第3の方法は、どのブレイクアウトルームにいくかを学生に選ばせることです。この機能は2020年の後半にZoomに導入され、新たな可能性を開いています。これは、以下の2種類の方法を検討する際に有用でしょう。①学生に好きなブレイクアウトルームを選ばせる、②学生に指示して特定のブレイクアウトルームにいってもらう。これらの方法を個別に検討していきましょう。

　学生に好きなブレイクアウトルームを選ばせると、自らの学習に対する主体性が高まり、そのコースの活動にもっと引き込まれるかもしれません。学生が選びやすいように、ブレイクアウトルームに「テーマ」を設けることが有効です。「実践篇6-3」で、興味深い実例を参照してください。

実践篇 6-3
学生が選びやすいようにブレイクアウトルームに
「テーマ」を設定する

　ジェニファー・ラーナー（Jennifer Lerner）は、ハーバード大学のケネディスクールと心理学部の教授で、授業の冒頭でブレイクアウトルームを興味深い方法で活用しています。学生が授業に参加するときに、3つ

のテーマのブレイクアウトルームから1つを選ぶように学生に尋ねます。各ブレイクアウトルームは、前日のプレゼンテーションや宿題に基づき、異なるテーマを設定しています。例えば、ある日のテーマは、ネットワーク（ルーム1）、サンクコストバイアスについての議論（ルーム2）、ヒューリスティック対システマティックの思考についての議論（ルーム3）でした。教師チームは、この「バーチャルな廊下（virtual hall-way）」というコンセプトを展開するために手伝いました〔従来の教室では、廊下などの共有スペースがインフォーマルなコミュニケーションの場になっていたが、学生と教師あるいは学生同士が出会うための「バーチャルな廊下」を提供することで遠隔教育の環境を強化することができるということ〕。本質的に、学生はもっと議論に時間を費やしたいトピックを選ぶようになり、正規の授業でのグループディスカッションの前に交流を温める時間としても役に立ちます。彼女は最近「学生は、少人数のグループだと質問しやすく、正規の授業で取り上げる前に教材を理解しているかどうかを確認するほうが楽だと感じています」と記しています。

　テディ・スヴォロノス（Teddy Svoronos）は、ハーバード・ケネディスクールの講師で、独創的な方法でブレイクアウトルームを活用しています。統計学の授業でしばしば、数分間、学生に個別に問題に取り組ませていますが、最近、新しい方法を導入しました。それは、学生が1人で問題に取り組みたいときはメインルームに残り、教えてもらいたいときはティーチングアシスタント（TA）がいるブレイクアウトルームに移動し、教材について教えてもらうよりも仲間を求めているときはティーチングアシスタント（TA）がいないブレイクアウトルームに移動する、という仕掛けです。この選択肢は、学生をブレイクアウトルームに割り当てる第3の方法を新たなレベルに押し上げます。つまり、学生は、どのブレイクアウトルームにいくか選択するだけでなく、ブレイクアウトルームにいくかどうかも選べるのです！　図6-4を参照してください。

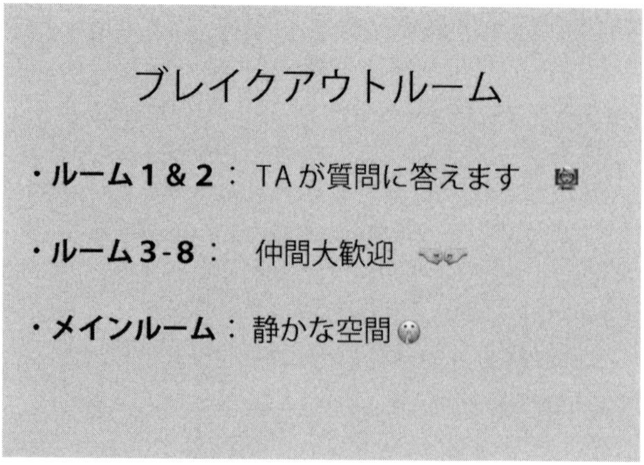

ブレイクアウトルーム

・ルーム1&2： TAが質問に答えます 🖐

・ルーム3-8： 仲間大歓迎 〰

・メインルーム：静かな空間 😶

図6-4 ● 学生にブレイクアウトルームの選択肢を与える（テディ・スヴォロノス）

　学生に指定のブレイクアウトルームにいってもらう方法は手動で割り当てる方法（第2の方法）の利点のいくつかを活用して成果を得るものですが、学生に協力してもらうことで、より素早く実行できます。図6-5の例を見てください。

ブレイクアウトグループ

指示
1-あなたのブレイクアウトグループ番号を見つけなさい。
2-ツールバーの"ブレイクアウトルーム"ボタンをクリックして、あなたの部屋の番号を選択し、そのグループに参加しなさい。

1	Slyvia Hellwig	5	Trish Poquette
1	Kurt Gorman	5	Krista Parkman
1	Tarsha Curl	5	Beata Kan
1	Eboni Dorman	5	Giuseppina Leggett
2	Chara Mustard	6	Garland Ferretti
2	Ozell Poucher	6	Kathy Meacham
2	Kaylee Montejano	6	Christie Calhoun
2	Shona Guglielmo	6	Karey Snell
3	Esther Boruff	7	Donn Schafer
3	Jong Crosland	7	Tiera Botta
3	Hannah Lemanski	7	Mitzie Nutter
3	Torrie Coldwell	7	Mikaela Maxie
4	Cheri Nakamoto	8	Bethany Mccandless
4	Tresa Negrete	8	Jamee Orwig
4	Celsa Fruge	8	Paulita Alton
4	Magnolia Copen	8	Hilton Raines

図6-5 ● どのブレイクアウトルームにいくか学生に指示する

　どの方法を選んでも、ブレイクアウトルームを開始すると、どの学生がどのグループに割り当てられたかを示すリストが表示され、グループの名前を

変更したり、個々の学生をほかのグループに再割り当てしたり、設定を調整したりすることができます（図6-6を参照してください）。準備ができたら、［すべてのルームを開ける］をクリックすると、学生はすぐにそれぞれのブレイクアウトルームに送られます。

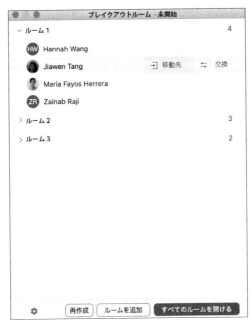

図6-6 ● ブレイクアウトルーム開始後に表示される画面

グループごとに何人の学生を割り当てるべきか

　ほとんどの活動では、1グループあたり4人から6人の学生が理想的です。成果物を作成するためではなく、質問に答えるためにブレイクアウトルームを使用する場合、特に質問について素早く議論することを目的としている場合は、2、3人のグループでも問題ありません。一般的に、グループ内のすべての学生が積極的に参加することを目的としている場合、6人以上のグループは望ましくありません。また、グループの人数が多くなると調整が難しくなるため、ブレイクアウトの時間を増やしたほうがいいことも覚えておいてください。最後に、Zoomでのブレイクアウトルームは、参加者の数に応じて20から50の間で設定できますので、非常に大人数のクラスの場合は、ブレイクアウトルームのグループサイズを決定する際に考慮してくださ

い。

ブレイクアウトルームの活動時間はどのくらいにすべきか

　ブレイクアウトルームを使用する際に、学生が心配していることの一つは、課題を完了するのに十分な時間が与えられていないことです。そこで、授業時間にあまり余裕がない場合が多いことを承知のうえで、短すぎるよりも長すぎるくらいの時間を与えることを勧めます。ブレイクアウトルームの長さを決める主な要因は、課題の特性とグループ内の学生数です。ブレイクアウトのグループが少人数で、質問に答えることが目的であれば、ブレイクアウトセッションは5分でいいかもしれません。成果物を作成することを目的としている場合は、10分から20分程度が適切です。グループの学生がクラスやコースの重要な課題に取り組んでいる場合には、30分もの時間をブレイクアウトルームに割く場合もあります。

　ブレイクアウトの時間を決める際に考慮すべきもう一つの要素は、グループ内の学生が知り合いである可能性が高いかどうかです。知り合いであれば、すぐに作業を始めることができるでしょう。しかし、初対面の学生がいる場合は、第11章「コミュニティの構築」で説明するように、自己紹介をしたり、アイスブレイクのための質問をしたりする時間を設けることを検討してください。

　最後に、ブレイクアウトルームの活動時間の長さにかかわらず、心に留めておくべきことが3つあります。第1は、学生をブレイクアウトルームに移動させる前に活動時間を設定することです（後述の「技術的なヒント」を参照してください）。第2は、学生が活動時間終了前にすべての課題を完了したと思った場合や、もっと時間が必要だと感じた場合には、ブレイクアウトルームの時間を調整することができます。第3は、終了時間の3分前または5分前には学生に知らせておくといいでしょう（ブロードキャストメッセージを使用します。後述の「技術的なヒント」を参照してください）。そうすれば、学生たちは議論を終えなければならないと認識します。

学生がブレイクアウトルームにいる間は何をすべきか

　いくつかのグループを訪問して状況を確認したり（グループ名の横にある［参加］をクリックして）、教師が確認できる場所に学生が文書を保存している場合は作業中の内容を確認したり（例えば、Googleスライド。「実践篇6-4」を参照してください）、ブレイクアウトルームが終わったあとに授業で何をするかを計画したり、あるいは単に休憩したり、いくつかの方法があります。

ブレイクアウトルーム終了後は何をすべきか

　一般的に、ブレイクアウトルーム終了後は、ブレイクアウト中に学生がおこなったことを発展させるために時間を割くといいでしょう。いくつかのグループや個々の学生を指名して、ブレイクアウト中に出てきた質問に答えたり、学生が作成した成果物を発表したりすることが典型的な方法です。これらの活動をおこなう際には、学生がブレイクアウトルームでおこなったこと以上の価値を付加するようにしてください。すべてのグループに同じ質問に対する答えを報告するように求めるのは、時間の無駄遣いになるので避けたほうがいいでしょう。授業計画に従って、学生の答えをもとに、より大きな問題、あるいは次の問題に取り組めるようにすることも有効なアプローチの一つです。例えば、ブレイクアウトルームで計算をさせた場合、1人の学生に手早く計算を復習してもらい、その数字が解答にどのような意味をもつのか、または計算の基礎になる主な仮定は何だったのかを尋ねるといいでしょう。

ブレイクアウトルームで成果物を作成する際に
学生はどのようなツールを使うべきか

　この質問に対する答えは、いくつかの要因、特にどのような課題を学生に課すかによります。様々な種類の課題をおこなうために、ウェブ上に多くの共同作業ツールがありますが、Googleが提供しているG Suite（特にGoogleスライドとGoogleドキュメント）は有力です。ブレイクアウトルームでGoogleスライドを使用する一つの方法は、クラスのすべての学生が共有するGoogleスライドのドキュメントを用意し、各グループにドキュメント内の一つのスライド（または一つのセット）を割り当てることです。これをおこなうには、一つのグループにテンプレートスライド（複数可）を作成し、クラス内のすべてのグループに複製して配布します。

　この方法でGoogleスライドを使用すると、以下のような利点があります。①ほとんどの学生がツールに精通しているので、使い方を考えるためにブレイクアウトルームの時間の一部を費やす必要はありません。②学生が書いている内容をリアルタイムで観察できます。グループの進捗状況をリアルタイムで確認できるので、進捗が遅いグループの様子を見にいったり（またはティーチングアシスタント〔TA〕を派遣したり）、学生がブレイクアウトルームからメインセッションに戻ってきたときに誰を指名するか前もって計画を立てることができます。あるグループを指名して、画面共有によって、そのグ

ループのスライドを表示することもできます（第8章「プレゼンテーション」を参照してください）。その後、異なる視点、対照的な視点、あるいは補完的な視点をもつグループを指名し、ディベートやディスカッションをおこなうことができます。ブレイクアウトルームのためのGoogleスライドの使用に興味がある場合は、「実践篇6-4」を参照してください。このアプローチを段階的に実施する方法は、後述の「技術的なヒント」を参照してください。

実践篇6-4
ブレイクアウトルームでGoogleスライドを使用する

　ジュリー・ウィルソン（Julie Wilson）は、ハーバード・ケネディスクールで教鞭を執る社会学者で、各グループがケースディスカッションに向けた準備をするためにブレイクアウトルームを利用しています。ジャマイカでの社会プログラムに関する最近の授業では、学生にプログラム実施での潜在的な失敗要因を理解してもらうことがねらいでした。そこで、異なるブレイクアウトルームにプログラム実施に関わるステークホルダー（中央政府、地方自治体、学校など）の役割を与え、特定のステークホルダーに関わる情報、人、お金の流れを表に記入してもらいました。図6-7のスライドのサンプルを見てください。関連サイトでは、プレゼンテーションの全文にアクセスできます。

　ジュリーのGoogleスライドの使い方で最も印象的なことは、ブレイクアウトセッションの間に学生が書いているもので、彼女が実施できることを考えられるということです。作成されつつあるスライドを注視し、スライドに記入された内容に基づいて、あるいは、積極的に参加していない学生がいるグループかどうかに基づいて、ブレイクアウトルームでの議論のあとに、どのグループに参加してもらうかを判断します。学生がブレイクアウトルームからメインルームに戻ってくると、Googleスライドの内容をよく検討して選択したグループを慎重に指名し、参加率の低い学生が会話に貢献するように促します。このようにして、効果的かつ包括的な議論をおこなうことができるのです。

ブレイクアウトルーム 1 - 中央政府

グループメンバー

プロセスの段階	情報	対象	予算

グループ発表者：　　　　　　　　　　　　グループ・タイムキーパー：

ブレイクアウトルーム 2 - 地方自治体

グループメンバー

プロセスの段階	情報	対象	予算

グループ発表者：　　　　　　　　　　　　グループ・タイムキーパー：

図6-7●ブレイクアウトルームのために使用したスライドのサンプル（ジュリー・ウィルソン）

注：各ブレイクアウトルームにそれぞれスライドを用意します（同じGoogleスライドデッキに格納します）。ここでは2枚だけを提示しています。詳細は関連サイトを見てください。

技術的なヒント

Zoomのメインツールバーに［ブレイクアウトルーム］が表示されない場合はどうすればいいか

　Zoomバーに［ブレイクアウトルーム］機能が表示されない場合は、

機能を追加する必要があります。そのためには、以下の手順に従ってください。

- ブラウザを使ってZoomアカウントにログインします。ウェブアドレス（URL）は環境設定によって異なります。
- 左のナビゲーションバーで［設定］をクリックします。下記の図を参照してください。
- サブメニューの［ミーティングにて（詳細）］をクリックして、ブレイクアウトルーム関連の項目が見つかるまでスクロールしてください。ここがオンになっていることを確認してください。

授業前にブレイクアウトルームに学生を割り当てることはできるか

　技術的には可能です。Zoomでは、ウェブ上で学生とブレイクアウトルームのリストを作ったり、どの学生がどのルームにいくかを指定したCSVファイルをアップロードしたりできます（関連サイトを参照してください）。実際には、学生をブレイクアウトルームに事前に割り当てる方法は、技術的な理由によってあまりうまくいきません。学生がアップロードしたリストにあるメールアドレスとは異なるメールアドレスでログインした場合、彼らはブレイクアウトルームに割り当てられず、メインルームに残されてしまいます。さらに、学生が同じセッションに複数のデバイスでログインすることもあります（例えば、ノートパソコンのカメラが機能しない場合、資料を見るためにノートパソコンでログインし、カメラで映像を映

すためにスマートフォンでログインすることがあります）。このため、事前にブレイクアウトルームに割り当てたときに問題が生じることがあります。授業前に、事前割り当ての方法を初期設定として利用し、セッション中に（前述の理由によって割り当てられなかった）学生を手動で割り当てる教師もいます。

ブレイクアウトルームを手動で割り当てるにはどうすればいいか

　授業中に学生を手動でブレイクアウトルームに割り当てると、どの学生がどこにいくかを完全にコントロールできます。少人数のクラスであれば簡単にできます。しかし、大人数のクラスの場合、時間がかかります。そこで、2つの方法が考えられます。

- あなたのかわりに誰か（例えば、同僚やティーチングアシスタント〔TA〕など）がブレイクアウトルームへの割り当てをやってくれると助かります。セッションが始まったら、割り当てを依頼された人は、あなたが準備したリストに従ってセッションに参加している学生のブレイクアウトルームを作成します。割り当てる準備ができたら、その人に学生をブレイクアウトルームに移動させるように依頼します。この方法は、あなたが授業をおこなっている間に同僚が準備して、あなたがブレイクアウトルームを開始したいときには準備ができているので、より効率的です。
- 学生にグループ番号に応じて名前を変えてもらいます（例えば、「1-マリア・クリンガー」、「2-イアン・サリバン」などです）。Zoomでは、参加者リストはアルファベット順に並ぶので、グループ1の学生がいちばん上に表示され、次いでグループ2の学生が表示されます。このヒントはハーバード・ケネディスクールのホーレス・リング（Horace Ling）とウェイランド中学校のシンシア・レイノルズ（Cynthia Reynolds）によるものです。Zoomで名前を変更する方法は、第10章の「技術的なヒント」を参照してください。

誰がブレイクアウトルームに学生を割り当てるべきか

　最近まで、ブレイクアウトルームに割り当てができるのはホストだけでした。つまり、ほかの人（ティーチングアシスタント〔TA〕、同僚など）にブレイクアウトルームの割り当てを依頼したい場合、その人がホストになり、あなたを共同ホストに割り当ててもらう必要がありました。

Zoomの最近の仕様変更で、共同ホストもブレイクアウトルームの開始、終了、参加者の割り当てなど、ホストと同様にブレイクアウトルームをコントロールできるようになりました。ホストと共同ホストは複数のブレイクアウトルームを見にいくこともできますが、一度に見にいけるのは一つのブレイクアウトルームだけです。

ブレイクアウトルームの設定はどのようにすべきか

　ブレイクアウトルームに学生を割り当てると、Zoomの画面には、学生がどのブレイクアウトルームにいるのかが表示されます。オプションをクリックすると、設定を調整することができます。そのなかで、［割り当て済みの全参加者を自動でブレイクアウトルームに移動］にチェックを入れることを勧めます。そうすれば、学生は何もせずにブレイクアウトルームに移動できます。そうしないと、学生が自分で参加を承認する必要があり、移動が遅くなりがちです。ほかの設定はほとんど個人の好みの問題ですが、カウントダウンタイマーを60秒に設定しておくと、学生は60秒後に自動的にメインルームに戻されるという通知を受け取ることができるのでいいでしょう。

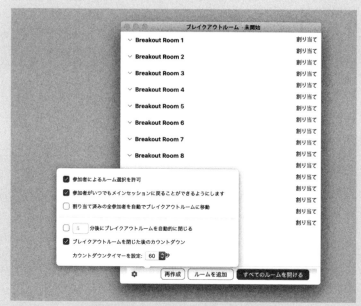

図6-8●ブレイクアウトルームの設定

ブレイクアウトルームにいる学生にどのようにメッセージを送ればいいか

　学生がブレイクアウトルームにいる場合、ブレイクアウトルームのダイアログボックス（このダイアログボックスが表示されていない場合は、Zoomのメインバーの［ブレイクアウトルーム］をクリックしてください）に、［ブロードキャスト］というオプションが表示されます。図6-9を参照してください。

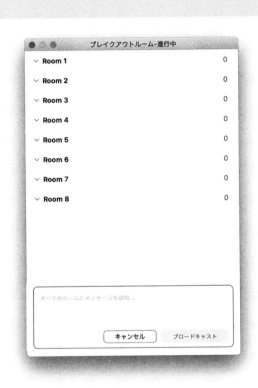

図6-9●ブレイクアウトルームへメッセージをブロードキャストする

ブレイクアウトルームをどのように終了すればいいか

　学生がブレイクアウトルームにいる場合、ブレイクアウトルームのダイアログボックス（このダイアログボックスが表示されていない場合は、Zoomのメインバーの［ブレイクアウトルーム］をクリックしてください）では、［すべてのセッションを停止］というオプションが表示されます。これをクリックすると、60秒後にすべての学生がメインルームに戻されます（設定

を調整した場合は、指定の時間に戻されます。前述の「ブレイクアウトルームの設定はどのようにすべきか」を参照してください)。

ブレイクアウトルーム用にGoogleスライドをどのように作成・使用すればいいか

　以下のチェックリストを参照してください。

 **ブレイクアウトルーム用にGoogleスライドを
作成・使用するためのチェックリスト**

授業前

☐Googleスライドを作成します。

☐最初のスライドに説明や参考資料を記載します（前述の説明書のスライドのサンプルを参照してください）。

☐テンプレート・スライドを作成します。

- 表を用いると、学生はどのくらいの分量を書くことを求められているか理解しやすいです。
- グループ番号（または名前）がすぐにわかるようにします（例えば、上部に記載します）。
- 学生の立場になってテンプレートに記入してみましょう（うまくいくかどうか確認するためです）。テンプレートが完成したら、複製して、各グループにスライドを配布し、各スライドのグループ番号（または名前）を変更します。

☐学生がスライドを編集できるようにGoogleで権限を設定します。設定を忘れると、学生がリンクをクリックしたときに、スライドを閲覧することはできますが、編集することはできません。

☐［オプション］短いリンク（bit.ly、tinyurl、または同様のサービス）を取得すると、より簡単に学生とリンクを共有できます。

☐技術的なヒント：本書の執筆時点では、GoogleドキュメントやGoogleスライドは、一定数以上の人が同時に文書を編集している場合には、あまりうまく機能しません。学生5人で11グループの場合はうまくできましたが、学生5人で20グループの場合は機能しませんで

した。後者のケースでは、グループ1から10とグループ11から20を分けて、2つの別のGoogleスライドデッキを使用すれば、うまくいきます（この知見はテディ・スヴォロノスから提供されたものです）。

授業中（学生をブレイクアウトルームに移動させる前）
☐説明スライドを確認します。
☐Googleスライドへのリンクを示します。
☐記入してもらいたいスライドを見せて、できるだけわかりやすく説明します。
☐質問があるか聞きます。
☐学生をブレイクアウトルームに移動させます（またはホストに移動させてもらいます）。

第6章のまとめ

- オンラインライブ授業では、学生が小グループで作業することに多くの利点があります。
- グループワークを効果的におこなうためには、学生に達成させたい課題（例えば、質問に答える、成果物を作成するなど）と学生の持ち時間を明確にしておくことが非常に重要です。
- 学生がブレイクアウトルームでおこなった作業を（Googleスライド、Googleドキュメント、またはそのほかの共同作業用の文書を使って）文書化して、教師や学生自身、そしてクラスメイトにも学習の様子が見えるようにすることを検討してください。
- ブレイクアウトルームのあとに報告会やディスカッションをおこなうことを強く勧めます。

第7章
共有する

　学生がライブのオンライン授業に積極的に参加するためのもう一つの方法は、自分がやったことを教師や仲間と共有することです。自分の成果物をクラス全体で共有すると、学生の参加度を高めること、説明責任を負う意識を強化し養うこと、自分の作業をより目に見えるようにすること、クラスで起こっていることを把握しているという強い意識が生まれること、学びのためのコミュニティ作りの意識が高まることなど、学生にとって多くの利点があります。

　学生が自分の成果物を共有することには、いくつかの潜在的な欠点もあります。ライブ授業からほかの活動時間が削られ、あなたは授業で起こっていることをコントロールできないように感じるかもしれません。また、特に学生が十分に準備していない場合、あなたが望むほどにはプラスの経験にならない可能性もあります。

　そのため、教えることにおけるすべてのことがそうであるように（人生でもそうですが）、学生が自分の成果物をクラス全員と共有する機会を与えるかどうかを決めるには、潜在的な利点と欠点を比較検討する必要があるでしょう。しかし、私が思うに、ほとんどの教師はこの教育アプローチをまれにしか採用していないので、もっと頻繁におこなうことを検討していただきたいと思います。

　本章では、学生が自分の成果物を共有する方法と、共有を検討すると思われるいくつかの場面について説明します。

7-1
学生が自分の成果物を共有する方法

　学生が自分の成果物をZoomで共有するには、いくつかの方法があります。

- Zoomのメインツールバーの［画面の共有］をクリックして、表示したいアプリケーションまたはコンテンツを選びます。コンテンツを共有するための［画面の共有］の使い方に慣れていない場合は、第8章「プレゼンテーション」を参照してください。
- 学生のために、あなたがZoomのメインツールバーの［画面の共有］をクリックしてコンテンツを共有することもできます。この場合は、学生は事前にコンテンツを教師に送付しておいたり（例えば、PowerPointプレゼンテーションのファイルをメールする）、共有設定でコンテンツ（Googleドキュメント、Googleスライド、Dropboxのファイルなど）を作成しておいたりします。
- Zoomのビデオ映像を通じて、クラス全員に紙やモノや美術作品を見せることができます。この場合は、「ギャラリービュー」ではなく「スピーカービュー」を使用しましょう。
- Zoomのビデオ映像を通じて、「クラス全員の前」でパフォーマンス（例えば、歌う、演技する、楽器を演奏するなど）をしてもいいでしょう。この場合も「スピーカービュー」を勧めます。
- Zoomの「リモート制御」機能を使って、あなたやクラスメイトが発表者のコンピューターにアクセスすることもできます。

　学生が自分の成果物を共有するのに最適な方法は、発表内容とそれぞれの場面によって決めましょう。

7-2
学生が成果物を共有する場面

　学生がライブのオンライン授業で自分の成果物を共有できる場面はたくさんあります。本章では、以下に焦点を当てます。

- 授業前にやったことを共有する
- 授業中に個人でやったことを共有する
- 授業中にグループ（ブレイクアウトルーム）でやったことを共有する
- 特別なイベントで共有する
- 精査が必要なことを共有する

授業前にやったことを共有する

　ライブの授業で扱うのに有用と思われる資料について、学生に授業時間外に作業をさせる場合は、その作業をクラスで発表してもらうことを検討してください。例えば、学生に、前回の授業の重要なポイントを要約させたり、それを応用したり展開させる場合、1、2人の学生（またはグループ）に授業の最初の3分から5分で、まず発表してもらうのもいいでしょう。もう一つは、1人の学生に、授業前に投稿された学生たちのコメント（例えば、LMS〔学習管理システム〕の掲示板での発言など）から特に興味深いものを選んで詳しく説明してもらい、それをあなたのスライドの一つに書き込むこともできます。学生が共有するものが、必ずしもプレゼンテーションのスライドである必要はありません。例えば、学生は、宇宙船など自分で作った物を見せたり、自分がおこなった実験で得たデータを記録したスプレッドシートを見せたり、自分たちが作曲した音楽を演奏したりするかもしれません。授業時間外にさせたことが何であれ、ライブの授業でせめて一部分でも共有する方法があるかどうかを考えてみましょう。

　授業前にやったことを共有してもらうことの利点の一つは、クラスメイトの前で発表させられるかもしれないとわかっていると、教師だけが学生の作業内容を知っているという伝統的な課題の提出方法のときよりも、学生たちは刺激を受けていっそうの努力をして、さらに創造力を発揮するようになることです。

　学生に授業前にやったことを発表させる場合、発表者を決めておいて事前に知らせておくべきかどうか、という問題があります。一方で、発表者を事前に知らせなければ、学生全員が発表準備と授業時間外の作業を通常よりも念入りにおこなうよう促すことになります。他方で、発表者を予告しておくと、その学生はさらに丁寧に準備するようになり、プレゼンテーションが成功する可能性も高くなります。

授業中に個人でやったことを共有する

　ライブ授業中の様々な時点でいったん授業を中断し、学生に個別に作業をしてもらい、クラス全員が戻ってきたときに学生に個々の作業内容を発表してもらってもいいでしょう。例えば、数学の授業なら、学生はどのように問題を解いたかを発表できます。語学の授業なら、教師の指示に従って書いてきたパラグラフを声に出して読むことができます。より一般的には、学生が個々の作業時間に作り上げた成果物が何であれ、ただ言葉で説明するだけで

はなく、実際にクラスメイトと共有する方法を考えてください。「実践篇7-1」に記載した例を参照してください。

実践篇7-1
授業で作成した資料を共有できるようにする

　セシリア・カンチーノ（Cecilia Cancino）は、メキシコのモンテレイ工科大学プエブラ校でファイナンスを教えていて、学生に授業中に作成したExcelの作業を共有するよう指示しています。そのために、彼女が授業前に用意しておいたいくつかのテンプレートシートが入ったExcelのワークブックを、まず学生にダウンロードさせます。例題を紹介したあと、そのなかの1枚のシートにある練習問題に1人で取り組む時間を与えます。最初の練習問題の解答を自分の画面を共有して見せ、同じ答えの学生に画面を共有してもらい、どうやって正答にたどり着いたのかを説明してもらいます。学生が説明している間、彼女はZoomの注釈機能（後述の「技術的なヒント」を参照してください）を使用し、数式の一部であるセルを結ぶ矢印を描くなどして、特定の概念を説明します。また、行き詰まった学生に画面を共有してもらい、その学生が間違いを見つけられるようにクラス全員に手伝ってもらいます。彼女はこのプロセスを授業中に何度か繰り返します。彼女の授業法は、コース終了後にもほとんどの学生が使用することになるツールを使用して、コースの概念を応用できる非常に実践的な学習方法であると私は感じました。

　セシリアはまた、マーケティングの管理職向けにファイナンスの研修をおこなっています。自分たちの行動が会社の財務にどのような影響を与えるかを理解してもらうために、彼女は損益計算書を見せて、それから参加者にZoomの注釈機能を使って自分たちの決定が影響を与える行に「スタンプ」を押してもらいます。彼女は「数秒後にはスライドがスタンプでいっぱいになり、彼らはセッションに非常に熱心に参加し、自分の意思決定が会社の損益に影響を与えることに気づくのです」と語ります。その後、より多くのスタンプが押された項目を中心にし、授業で多くの時間を費やす項目を決定します。

実践篇 7-2
コミュニティを作るため双方向の口頭での発表の機会を設ける

　キャシー・ファム（Kathy Pham）はコンピューター科学者で、その仕事はGoogle、IBMから連邦政府に及び、ホワイトハウスのアメリカ政府デジタル・サービス（United States Digital Service, USDS）の製品およびエンジニアリング部門の創設メンバーとして活躍してきました。彼女は、現在は、ハーバード・ケネディスクールで「製品管理と社会（Product Management and Society）」のコースを教えています。最近のオンラインライブ授業では、彼女は授業を一時中断して、学生たちにフードデリバリー用アプリのプロトタイプを開発するために数分間、個別に時間を与えました。学生にペンと紙を使って作業をさせ、その後、数人の学生に声をかけて自分たちが考案したものを発表させました。学生たちは自分たちの紙を見せて、自分たちが開発したアプリの「画面」を指さして発表しました。これはとても単純な共有方法で、プロダクトデザインの原理についての非常に興味深い議論につながりました。図7-1を見てください。

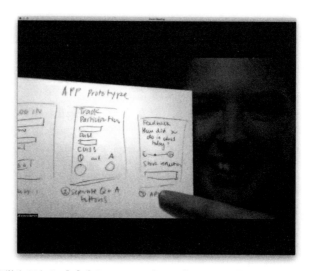

図7-1●学生が自分でデザインしたアプリのプロトタイプをクラス全体に見せる
注：写真に写っている学生は、この画像を公開することを許可してくれました。

授業中にグループ（ブレイクアウトルーム）でやったことを共有する

　前章で述べたように、ブレイクアウトルームは、学生が目の前に明確な課題を与えられている場合に最も意味があり、学生自身が課題をうまくこなしていると感じるととても効果的です。そのための一つの方法は、ブレイクアウトルームでおこなった作業について、何人かの学生に発表してもらうことです。彼らにGoogleスライドなどの発表しやすい成果物があれば、授業中にそれを発表させ、その成果物についていくつかのポイントを取り上げ、ライブ授業の学習目標を高めるのに役立ちそうなことを検証することもできます。ブレイクアウトルームの使用についての詳細は、第6章「グループワーク」を参照してください。

特別なイベントで共有する

　従来は対面でおこなわれてきた特別なイベントも、現在では、ライブのオンラインセッションでおこなわれることがあります。授業や学校行事に関連する例を挙げると、入学式や卒業式などのお祝いのイベントがオンラインでおこなわれるかもしれません。参加者にとってイベントをいっそう意義深いものにする一つの方法は、参加者が自分の体験の全体像（例えば、自分にとって意味をもった体験、学んだ主要な教訓など）について何か共有することでしょう。例としては、「実践篇7-3」を参照してください。

実践篇7-3
特別なイベントで学生が共有できるようにする

　アンナ・シャンレイ（Anna Shanley）とマディ・マイスター（Maddie Meister）は、ハーバード・ケネディスクールでエグゼクティブ教育に従事しています。最近、彼女たちが主導したオンラインプログラムの一つが閉会するにあたって、出席者に対し、グループごとに1枚のスライドを作成し、プログラムを受講したことで自分たちの考え方がどう変わったかについて1点、そして自分たちが感謝していることについて1点書いてほしいと依頼しました。参加者はGoogleスライドを使用して、閉会式以前にスライドを共有していたので、段取りがはるかに簡便になりました。ライブのオンライン式典で、各グループは（バーチャル）修了証書を受け取る前に、スライドを見せて1分間の発表をしました。このよ

うに主体的に参加することで、参加者にとっては典型的な対面の式典よりも、より個人的で有意義なものになったと思います。図7-2を参照してください。

図7-2 ●エグゼクティブ教育プログラム修了式のスライドのサンプル
注：参加者の個人情報保護のため、グループメンバーの名前を変更しています。

精査が必要なことを共有する

　学生が発表するもののなかには、単に示されたスライドや制作物をモニター越しに見るだけではなく、精査を必要とするものがあります。このような場合、学生のコンピューターのなかにあるものを見たり、変更したりできると便利です。例えば、学生がコンピュータープログラムを書く場合、教師がコードを改善したりデバッグしたりするために変更を加える様子を、学生が自分の目で確認できることには利点があります。Zoomの「リモート制御」機能では、ある参加者が別の参加者のコンピューターを操作することが可能になります。これには両者の合意が必要で、いつでも共有を停止できます。詳細は「実践篇7-4」を参照してください。関連サイトには、Zoomの「リモート制御」機能の使い方が掲載されています。

実践篇7-4
学生に成果物を共有してもらうため
リモート・スクリーンを使う

　2020年3月に開催された「リベラル・アーツ・カレッジでのリモート教育」のウェビナーで、スワースモア大学のエラ・フォスター・モリーナ（Ella Foster-Molina）とヴァッサー大学のジンチェン・モニカ・フー（Jingchen Monika Hu）は、リモート制御を授業でどのように利用してきたかを説明しました。フーは、データサイエンスのコースで学生のコンピューターコードをデバッグするのを手伝うためにリモート操作を利用しています。学生の1人が自分のコンピューターへのアクセスを許可すると、彼女はその学生のコードを調べたり、新しいコードを入力してコードの一部を修正したり、再度コードを実行できます。図7-3を見てください。フォスター・モリーナもリモート学習をおこなっていて、対面的なやりとりが非常にうまくいく状況がいくつもあると考えています。しかし「関係者全員が、他人の画面を見て実際にそれを制御できることについては、プライバシー、自律性、安全性に関する様々な懸念を完全に払拭できる場合にだけおこなうべきです」と警告しています。関連サイトには、両者が発表したウェビナーへのリンクがあります。

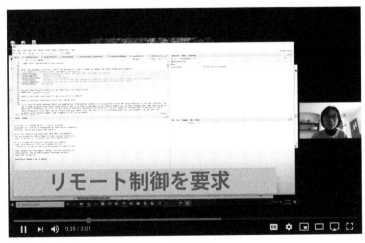

図7-3●学生のコンピューターコードのデバッグを手伝うためのリモート制御の使用（ジンチェン・フー）

学習サイクルを通じての共有

　本章の最後には、学生がグループワークをおこなって互いに学び合うために作業を共有するように、かなり意図的に気を配っている教師の例を挙げます。「実践篇7-5」を参照してください。

実践篇7-5
授業外で学生に作業を共有させる

　エリック・メイザー（Eric Mazur）は、ハーバード大学で物理学を教えていて、私が知るかぎり最も創造力に富む教師の一人です。私は彼に大きな影響を受けました。リモート教育に移行しなければならなくなったとき、彼は自分のコースを徹底的に刷新しました。その努力や取り組みについて詳述することは本書の範囲外ですが、彼はコースの大部分を非同期型で教えています。この非同期型の方法も本書の射程を超えますが、彼の学生が協力しあい、お互いの作業を共有している点を強調したいのです。

　学生たちは、毎週いくつかの課題を2段階に分けて完了させることが求められています（図7-4を参照してください）。第1段階では、学生たちは各自で課題を完了させます。第2段階では、学生はグループでミーティングをおこない、各自が出した解答について議論し、メンバーに自分の解答を納得させることが求められます。この第2段階では、学生はクラスメイトやティーチングチーム（Zoomで相談することができる授業補助者たち）から学び、自分のスキルに対する自己評価をおこなうことが求められます。これが成績評価の決め手になる重要な要素になります。

　学生たちは、様々なテクノロジーを使って共同作業をおこない、課題を共有します。Zoomでミーティングをおこない、Learning Catalyticsと呼ばれるプラットフォームを使用してグループ評価を完了します。このプラットフォームでは、最初に出した解答を確認し、グループの解答を提出し、プロセスの最後に正答を（動画または書面による説明を通じて）確かめることができます。彼らはDesmosというプラットフォームでチュートリアル（個別指導）を完了します。そこでは、一連の短いレッスンを受け、問題に答え、お互いの作業を共有することができます。Zoomでは、注釈ツールを使ってお互いの成果物にコメントしあいま

す。エリックと彼のティーチングチームは、グループワーク中の様々な Zoom のセッションを訪れ、質問をわかりやすく説明したり、さらに掘り下げて尋ねたりすることで、学生の教材への理解を促すよう支援しています。とても感銘を受けます！　エリックのコースのシラバスやそのほかの資料は、関連サイトに掲載してあります。

ワークフロー

AP50（応用物理学入門）をオンライン仕様にデザイン変更するにあたって、学生の皆さんのために、毎週のスケジュールを固定して、しっかりした「ワークフロー（作業の流れ）」に沿って授業を進めることにしました。活動の多くは、皆さんが自分のスケジュールを最大限フレキシブルに使えるように、非同期型とします。
AP50では、次の5種類の活動を行います。

リーディング課題	基本的な情報を伝達し、通常の講義を代替します（ちなみにラテン語では「講義（lecture）」は「読むこと（reading）」の意味をもっています！）。
準備確認	理解度を自己評価し、加えてチームメイトと一緒に誤った理解を確認する機会です。
チュートリアル	よくある間違いを正し、教材についての理解を深めます。
課題	推定や問題解決のスキルを磨きます。知識とスキルを自己評価します。
プロジェクト作業	コースの総まとめです。物理学の知識を現実世界の問題に応用します。

これらの活動に関する作業は、次の3つのカテゴリーに分類されます。

・自分一人でする作業
・チームメイトと共にする作業
・授業（セクション）時間中に行う作業*

皆さんは、まず個人で作業を行い、その後チームメイトと一緒に作業します。個人作業は先取りして取り組んでも構いません。重要なのは、チームメイトと一緒に確認作業を行う前に、一人でひとまず完成させることです。チームでの作業は皆のスケジュールが合う限り、いつ行っても構いません（タイム・ゾーン（時差）の違いからくる不都合を避けるため、チームメンバーはセクション時間が同一の人で構成されています）。

セクションの時間（火曜および木曜の7:30と16:30（米国東部標準時）開始）は、ティーチング・チームが取り組むのがベストと判断した難問を解決するための時間として使われます。もし、通常のセクション以外に手助けが必要な場合は、ティーチング・チームのメンバーの誰かに連絡するか、私（エリック・メイザー）のヘルプ・セッションを予約してください。

*訳注：セクションとは、大人数クラスの科目において、授業時間以外に学生がTAと共に課題やディスカッションを行う時間として出席が義務付けられているグループおよび学習時間を指します。

図7-4●コースのワークフロー（エリック・メイザー）

 技術的なヒント

画面共有中の資料に教師や学生が注釈を付けるには

　教師や学生がZoomで資料（例えば、PowerPoint プレゼンテーション、PDF など）を共有すると、Zoomの注釈ツールバーにアクセスできるので、そこから［コメントを付ける］を選択すると、共有されている資料に注釈を加えることができます。このツールバーを使用すると、［描き込む］ことも、オブジェクト（チェックマーク、クエスチョンマーク、ハートなど）を［スタンプ］することも、そのほかの注釈を加えることもできま

す。図7-5を参照してください。

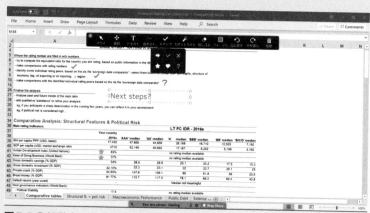

図7-5●起動中のZoomの注釈ツールバー

　書き込まれた注釈は、現在見えている特定のページやスライドではな
く、共有している画面に関連づけられていることに留意してください。
これは、提示しているスライドに教師や学生が注釈を付けると、別のス
ライドに移動しても注釈は引き続き表示されることを意味します。この
ため、Zoomの注釈ツールを使用している場合は、［消去］と［保存］
機能が便利です。また、この注釈ツールバーは、Zoomのホワイトボー
ド機能（第9章「アノテーション」を参照してください）でも同じように使用
できます。

注釈ツールバーが表示されない。どこにあるか

　次の3つの可能性が考えられます。

　1．あなた自身の資料に注釈を付けたい場合
　　　プレゼンテーションの共有を開始するとすぐに、Zoomのメ
　　インツールバーに［コメントを付ける］という機能が表示され
　　ます。それをクリックすれば、注釈ツールバーが現れます。た
　　だし、Zoomの注釈機能を使用するよりも、自分の資料に注釈
　　を付けるいい方法があることに注意してください（第9章「アノ
　　テーション」を参照してください）。

2．学生の資料に注釈を付けたい場合

　　学生がZoomの画面共有機能を使用して資料（例えば、Power-Pointのスライドなど）を共有している場合（慣れていない場合は、第8章「プレゼンテーション」を参照してください）、教師やほかの学生には資料と資料の上にZoomバーが表示され、誰の画面が共有されているかが表示されるとともに［オプションを表示］項目が現れます。この項目をクリックすると、注釈を付けるオプションが表示され、このオプションをクリックするとすぐに注釈ツールバーにアクセスできます。

3．学生があなたの資料に注釈を付けたい場合

　　このプロセスは、上記（シナリオ2）の説明と同じようにおこないます。学生が注釈をおこなった経験がない場合は、学生に指示を与える必要があるかもしれません。

学生に注釈を付けさせたくない。これを防ぐには

　共有した資料に学生には注釈を付けさせたくない理由があるかもしれません。例えば、複数の学生が同時に注釈を付けると、対応しきれなくなることがあります。学生が注釈を付ける権限を無効にするには、Zoomのメインツールバーの［詳細］をクリックし、次に［参加者の注釈を無効にする］をクリックします。

ブレイクアウトルームで共有する資料に学生は注釈を付けられるか

　できます。ブレイクアウトルームで注釈機能を用いることは、共同作業をしたり、お互いの作業を共有したりするための簡単で有用な方法です。学生が注釈を付けたものを保存し、あなたやクラスのほかの学生と共有するように促すのもいいでしょう。

第7章のまとめ

- 学生が教師や仲間の前で自分の成果物を共有することには多くの利点があります。
- もちろん、これらの利点はライブ授業でほかのことをおこなう利点と比較検討する必要があります。時間は限られているのです。
- 学生は以下のような様々な場面で成果物を共有することができます。
  - 授業前にやったことを共有する
  - 授業中に個人でやったことを共有する
  - 授業中にグループ（ブレイクアウトルーム）でやったことを共有する
  - 特別なイベントで共有する
  - 精査が必要なことを共有する
- 学生に成果物を作る課題を与えるときは必ず、ライブ授業のセッションで何人かに発表してもらうことの潜在的な利点と、それを最も効果的におこなえる方法について考えてみましょう。

第III部

教師の
関わり方

　第Ⅲ部では、第Ⅱ部で提示した学生の関わり方（話す、投票する、書く、グループワーク、共有する）をふまえ、教師としてオンラインのライブセッションに関わる方法を説明します。第8章「プレゼンテーション」では、学生に提示したいコンテンツ（スライド、文書、動画、ウェブサイトなど）があると想定し、こうした「作成済み」の資料を提示してプレゼンテーションをするための様々な方法を解説します。第9章「アノテーション」では、提示する資料の一部（または全部）をライブ授業中に「作成」したい場合を想定し、既存の資料に注釈を付ける（例えば、スライドに手書きまたはタイプする）、ゼロから字や絵をかく（例えば、実物のホワイトボードや電子ホワイトボードに記入する）といったアノテーションの方法について説明します。第9章は第8章に基づいているので、まずは第8章を読むことを勧めます。

章	教師ができること	Zoomの主なツール
第8章	プレゼンテーション	ハードウエア：コンピューター ソフトウエア：プレゼンテーションソフト（例えば、PowerPoint、Keynote、Googleスライドなど）、ウェブブラウザ（例えば、Chromeなど）、ビデオプレーヤー Zoomのツール：画面の共有、Zoomの背景
第9章	アノテーション	ハードウエア：コンピューター、タブレット、書画カメラ、黒板、フリップチャート ソフトウエア：プレゼンテーションソフト（例えば、PowerPoint、Keynote、Googleスライドなど） Zoomのツール：画面の共有、ホワイトボード

第8章

プレゼンテーション

オンラインライブ授業では、スライド、文書、動画、ウェブサイトなど、授業前に準備した資料を学生に提示したい場合があります。本章では、スライドに特に重点を置いて、このような「作成済み」の資料をZoomで提示する方法を説明します。

Zoomのメインツールバーから画面を共有して、Zoomで資料を提示します。共有すると、以下のような多くのソースからコンテンツを共有できます。

- 特定のアプリケーション（例えば、PowerPoint 、Google Chromeなど）
- Zoomのホワイトボード機能
- 第2カメラ（例えば、書画カメラ、スマートフォンなど）からの映像
- iPhone ／ iPadの画面
- スピーカーからの音声

Zoomでは、ダイアログボックスに共有できるソースが表示されます。ダイアログボックスにアプリケーションを表示するには、コンピューター上でアプリケーションを開いている必要があることに注意してください。そのため、アプリケーション（例えば、PowerPointなど）からプレゼンテーションをおこなう場合は、Zoomのメインツールバーの［画面の共有］をクリックする前に、そのアプリケーションが開いていることを確認してください。

図8-1●Zoomのメインツールバーの［画面の共有］機能を用いた資料の提示

図8-2●コンピューター上のアプリケーションを共有するためのZoomの［画面の共有］ダイアログボックス

　本章では、プレゼンテーションスライドの共有方法に焦点を当てます。これは、作成済みの資料のなかでも主要なもので、ほとんどの教師が使用しています。本章の最後に、動画とインターネットブラウザのページというほかの2種類の資料を提示する方法について説明します。

　スライド（または同様の資料）を提示する方法について詳述する前に、本書の基礎になる教育上の原則を補強する警句を紹介します。それは、学生に作業に従事させずに長時間スライドを提示すると、学生の学びを促すことはほとんど期待できないということです。この警句は、実際の教室でも当てはまりますが、教師がプレゼンテーションしている間に学生がやっていることをコントロールしにくいバーチャルな教室ではなおさら当てはまります。ここで、Doyle（2008）の持説を紹介しておきましょう［注19］。それは「作業をする者こそが学習する」というものです。スライドでプレゼンテーションをおこなっているときは、教師が実際に作業をして学んでいます。そこで、学生の学びや積極的な授業参加に役立つような授業中のほかの活動をかき立てるように、あなたのプレゼンテーションについて考えてみてください。いつも学生が作業に取り組むよう考慮してください。授業中に5分から10分以上作業をおこなっていない場合は、そろそろ学生に作業をさせる時間でしょう。

最後に、スライドを提示する際には、いいプレゼンテーションを準備、デザイン、提供するための原則に従ってください。これらの原則は本書の範囲を超えていますが、関連サイトには有用な参考文献がいくつか掲載されています。

8-1
スライドの提示

スライドを表示するには

単に学生にプレゼンテーションを表示したい場合、最も簡単な方法は、Zoomのメインツールバーの［画面の共有］をクリックしてから、プレゼンテーションソフトウエア（例えば、PowerPoint 、Keynote など）のアイコンをダブルクリックすることです。そうすると、プレゼンテーションソフトウエア上に枠が表示され、そのアプリケーションを共有していることがわかります。［画面の共有］をクリックする前に、プレゼンテーションソフトウエアが開かれていることを確認してください（Zoomの［画面の共有］ダイアログボックスのオプションの一つとして表示されます）。後述の「技術的なヒント」で理由を説明しますが、デスクトップに対応するアイコンではなく、プレゼンテーションソフトウエア（例えば、PowerPoint）に対応するアイコンをクリックしてスライドをシェアすることを勧めます。この項目は、Zoomのバージョンによって、［デスクトップ］または［画面］と表示されます。

共有画面でPowerPointのアイコンを選択する

PowerPoint「ウィンドウ」が学生と共有される

図8-3 ● PowerPoint プレゼンテーションを共有する

　画面を共有すると、［共有の停止］をクリックするまでは、参加者は画面
上で起こっているすべてを見ることができます（例えば、スライドショーモード
にしたり、スライドを進めたり、スライドに書き込んだりなど）。

常にスライドを共有するべきか

　スライドを共有すると、学生の画面はスライドに合わせてかなり変化しま

す。図8-4は、学生の画面が一般的にどのように変化するかを示しています。学生の個人設定やパソコン本体の設定によって異なる点はありますが、以下の2点が変化します。①スライドが学生の画面の多くを占め、②学生は教師よりもスライドに注意を向けるようになります。言い換えれば、スライドを共有した瞬間、学生の画面と関心の大部分をスライドが占めてしまいます。これは、実際の教室で教えるときにも当てはまりますが、バーチャルな教室ではより劇的に変化し、教師の画像は画面上の小さな四角に追いやられ、スライドに大部分を占有されてしまいます。

共有前の学生の画面

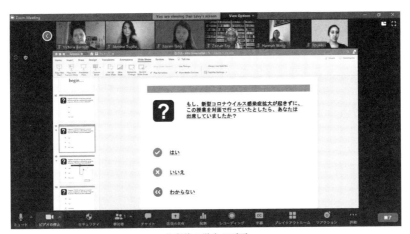

共有後の学生の画面

図8-4●スライドを共有すると学生の画面は変化する

これらの事実をふまえ、私が話をした教師のなかには、スライドの使用を慎重にするように勧める人もいます。そのなかの一人は、「絶対に必要な場合だけ」スライドを使用することを勧めています。また、学生の画面をスライドに占有させずに資料を提示する興味深い方法を開発した人もいます。革新的な解決策は、以下の実践篇を参照してください。

最後に、プレゼンテーションを共有すると、自分自身の画面の大部分も占有されることに注意してください。このため、2台のモニターを使用する教師もいます。1台のモニターは学生のビデオ映像やほかの項目（例えば、参加者リスト、チャットウィンドウなど）を見るため、もう1台のモニターは提示しているスライドを見るために使用します。2台のモニターを設置すると、机の上のスペースが狭くなり費用もかかりますが、Zoomでスライドやほかの資料を提示するつもりがあり、2台のモニターを入手できるなら設置を強く勧めます。プレゼンテーション中に学生の様子を見ることができると、学生がどれくらい集中しているかといった反応を確認でき、2台目のモニターがあれば、はるかに簡単に確認できます。本章の最後に記載した「技術的なヒント」では、2台目のモニターの使用方法について詳しく説明しています。

実践篇8-1
スライドの使用を制限する

ジャック・ドナヒュー（Jack Donahue）はハーバード・ケネディスクールの主任講師で、スライドを共有する時間について自分の規律を重んじています。彼は「私はスクリーンを共有する時間を最大でも授業の4分の1に制限するようになりました。私のコースはディスカッションを基本としています。共有する時間の割合は、科目、クラスの人数、レベル、そのほかの要因によって変わります。しかし、デフォルトはスクリーンをシェアしないという原則を多く適用しています。ギャラリービューの時間を多くとると、学生の興味を引き付けることができます。学生が自分自身の画面を共有する機会を作ることで、アクティブ・ラーニングを促します。教師の画面共有とほかのビューを切り替えながら授業を構成するには計画と規律が必要ですが、この方法は本当に効果的だとわかりました」と教えてくれました。

実践篇 8-2
画面を占有せずにスライドを提示する（ハイテク版）

　ミッチ・ワイス（Mitch Weiss）はハーバード・ビジネス・スクールで
アントレプレナーシップ（起業家精神）のコースを教えていて、独創的な
方法で学生の画面を大きく占有せずにスライドを提示しています。彼の
ケースディスカッションでは、2種類のPowerPointスライドを使用して
います。1つ目は、学生の画面の半分をスライドが占める従来のスタイ
ルで使用しています。Zoomの画面共有機能を使用してスライドを表示
し、文字入力して注釈を付けます（第9章「アノテーション」を参照してくだ
さい）。2つ目は、情報量が極力少ないスライドで、学生に授業の状況を
説明し、会話を促すために用います。後者は、スライドよりも教師や学
生同士に着目させたいときに使用し、画面を共有するかわりに、Zoom
の背景としてスライドを設定します（設定方法は、後述の「技術的なヒント」
を参照してください）。結果として、テレビのニュースキャスターがスタジ
オから放送しているときと同様の効果があります。彼は、学生に非匿名
投票をおこなうときにもこの方法を使っています。図8-5を参照してく
ださい。

Zoomの背景としてコンテキストに沿ったスライドを提示する

Zoomの背景として投票の指示に関するスライドを提示する

図8-5 ● Zoomの背景としてスライドを提示する

実践篇8-3

画面を占有せずにスライドを提示する（ローテク版）

　レニー・ロス（Renee Loth）は「ボストングローブ」紙のジャーナリストで、オピニオンコラムニストとしても活躍しながら、ハーバード・ケネディスクールでコミュニケーションのコースを教えています。最近のワークショップでは、「論説執筆のABC」と題したセッションを学生に教えました。セッション開始時に、彼女は論説執筆のABCを一つずつ解説したシンプルな紙を画面に映しました。それから、3つの主要な要素を一つずつ説明しはじめました。これがワークショップで唯一の「スライド」だったので、学生は小道具の紙とロスを容易に関連づけて覚えることができました。ロスは3つの重要な要素についてそれぞれ説明しましたが、どの場面でも学生の注意を引くことができ、記憶に残る学習体験を生み出しました。図8-6を見てください。

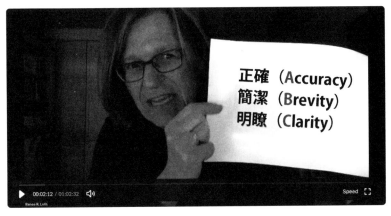

図8-6●小道具を使用して学生に資料を提示する（レニー・ロス）

スライドは授業前に送付するべきか

　学生が授業中にスライドを利用できるように、授業前に送付（または利用できるように）することを検討するといいでしょう。そうすれば、学生は授業中にメモをとるために、スライドを印刷したり、タブレットに入れたりできます。または、もう1台モニターをもっていれば、2台目のモニターにスライドを表示することもできます。授業前に学生がスライドを利用できるようにしておくと、すでに表示されたスライドについて学生が明確に理解したい

場合や覚えておくべき事項がある場合、あるいは、まだ表示されていないスライドについてその後の内容を先に確認したい場合に、事前に送付したスライドを参照することができます。したがって、授業前に学生にスライドを送付すると決めた場合、驚きの要素を入れたスライドや学生に考えさせたい質問への回答のスライドは、送付用バージョンからは削除しておくべきでしょう。

　授業中にスライドを利用することに対する懸念の一つは、学生の気が散るかもしれないということです。この点は理解できますが、オンライン学習環境では、気が散るものはほかにもたくさんあります。メモを書き込むスペースがあるよくデザインされたスライドは、学生の気を散らすよりも集中させるのに役立つ可能性があると私は思います。これは個人的な好みだとわかっていますが、私は授業前に学生にスライドを利用できるようにすることを好みます。

8-2
動画の共有

　授業の内容を充実させるために、学生に動画を見せたい場合もあるでしょう。実際の教室と同じように、動画を視聴するかどうかを決める際には、教育的な目標を考えてください。授業中に視聴するのではなく、授業前か授業後に学生が自分で視聴すべきものではないか考えてください。授業中に視聴することを検討している場合、この動画を全員一緒に同時に見るメリットは何でしょうか。例えば、視聴直後の学生の反応を共有したい場合や、教師がいくつか講義をしたあとに別の方法で学ぶべき状況で、動画を見ることが最も学生の理解を促す場合です。授業中に動画を視聴する理由が思いつかない場合は、授業前か授業後に学生に動画を見てもらうことで貴重な授業時間を節約できます。コンテンツのどの部分を授業時間外におこなうかを決める方法については、第10章「同期と非同期のブレンド」で詳述します。

　Zoomで動画を共有する方法は、スライドを共有する方法と同様です。最初に、Zoomのメインツールバーから［画面の共有］を選択します。次に、共有したいソースを選択します。例えば、コンピューター上のファイルを再生するビデオプレーヤー（例えば、Quicktime）、またはインターネットブラウザから再生する動画（例えば、YouTube）を選択します。動画を共有する場合、スライドを共有する場合と最も異なる点は、動画と音声の共有を最適化するための設定をクリックしてから（図8-7を参照してください）、共有する必

要があることです。動画を再生したあとにスライドやそのほかの動画以外の資料を共有したい場合は、これらの設定をオフにしておくことを覚えておいてください。これらは動画には最適な設定ですが、ほかのコンテンツには適していないからです。

　授業前に、動画を再生する予定のアプリケーションを開いて、(再生を開始したい正確なタイミングで) 動画を再生できる状態にしておくことを勧めます。こうすると、授業中にすぐに動画の再生を開始することができます。また、動画を再生し始めた直後に、学生に「よく見えているか、よく聞こえているか」を尋ねてみるのもいいでしょう。

図8-7 ●インターネットブラウザから再生する動画を共有する

　Zoomを通して配信される動画や音声の品質低下が気になる場合は、代替手段 (あるいはバックアップ) として、学生が自分のコンピューター上で再生できる動画ファイルのリンクをチャットに入力する方法もあります。再生所要時間が経過して、学生が動画を視聴したあとに授業で議論を再開します。

8-3

インターネットブラウザからの
リソースの共有

　単にインターネットブラウザ上のリソース（ウェブサイト、動画、オーディオ
クリップなど）を共有したいときもあるでしょう。これは、ウェブ上での操作
方法を視覚的に示したい場合や、第6章「グループワーク」で説明したよう
に、共同作業ソフトウエア（例えば、Googleスライド、Googleドキュメントなど）
を使用して学生がおこなった作業を発表したい場合に特に便利です。ブラウ
ザからの発表の利点の一つは、ブラウザのタブを別のタブに移動するだけ
で、提示する内容を簡単に切り替えることができることです。Zoomを使用
してインターネットブラウザから共有するには、前節で説明した動画を共有
する方法と同じ手順でおこなうことができます。

技術的なヒント

デスクトップを共有する

- ［画面の共有］を押すと、コンピューターのデスクトップを共有する
  オプションが表示されます。これは、Zoomの［画面の共有］ダイ
  アログボックスで最初に表示される項目です（Zoomのバージョンによっ
  ては［デスクトップ］または［画面］と呼ばれる場合があります）。このように
  すると、共有している間、コンピューターのデスクトップ上にある
  ものはすべてZoomで共有されます。こうすると、2つ以上のアプリ
  ケーション（PowerPointとインターネットブラウザなど）でプレゼンテーシ
  ョンをおこなう場合に、画面上で開いているアプリケーションを切
  り替えるだけで学生が閲覧しているものをすぐに変更できるという
  利点があります。そうしないと、1つのアプリケーション（PowerPoint
  など）の共有を停止して、もう1つのアプリケーション（インターネッ
  トブラウザなど）の共有を開始する必要があります。また、アプリケー
  ションを並べて表示することもできます（ただし、学生のモニターが小さ
  い場合は、読み取りにくいことに注意してください）。
- コンピューターのデスクトップを共有することの主な欠点は、共有

していることを忘れてしまい、共有するつもりがないものをうっか
り共有してしまう可能性があることです。例えば、さっと確認して
いた個人的なメールや電話をかけたい学生のリストなどをうっかり
共有してしまったという話を聞いたことがあります。このような理
由から、重大な理由がなければ、コンピューターのデスクトップを
共有しないことを勧めます。そのかわりに、前述のように、学生に
見せたいアプリケーション（例えば、PowerPoint、Keynoteなど）を共有
してください。また、Zoomでの授業中に何が共有されているのかわ
からなくなった場合には、共有をいったん停止してから再度共有す
ることを勧めます。

2台のモニターを使用する

- Zoomで2台のモニターを最適に使うには、Zoomの設定で［デュア
ルモニターを有効にする］必要があります。関連サイトのリンクに
は、WindowsとMacの両方の設定方法の説明があります。デュアル
モニターを有効にすると、ギャラリービュー、スピーカービュー、
共有画面、チャット、参加者リストを別ウィンドウで表示すること
ができます。これは、デュアルモニターを有効にせずに、2台目のモ
ニターに別ウィンドウを表示しないまま画面上に余白を残しておく
よりも、はるかに快適です。
- 2台のモニターを使って、デスクトップからPowerPointを共有する
場合、初期設定では、PowerPointが2台のモニターに映し出されま
す（1台は発表者モードで、スライドとノートが表示されます。もう1台はスライ
ドショーモードで、学生が見ているスライドが表示されます）。つまり、学生
の顔を見るスペースがありません。この問題に対処するための方法
は2つあります。
  - 1つ目は、タブレット（iPad、Microsoft Surfaceなど）をパソコンに
接続し、Zoomの［画面の共有］機能を使って共有することで、
タブレットからPowerPointを提示することができます（詳しく
は、下記の「外部デバイスを用いてプレゼンテーションをおこなう」を参照
してください）。
  - 2つ目は、PowerPointの［スライドショー］メニューから［スラ
イドショーの設定］をクリックし、［出席者として閲覧する（ウ
ィンドウ表示）］に設定を変更し、スライドを手動で進めるように

します。詳しくは図8-8と関連サイトを参照してください。Keynoteを使用している場合は、［再生］メニューから［スライドショーをウィンドウで再生］と呼ばれる新しい機能を使用すれば、同じ目的を達成できます。Googleスライドを使用している場合は、この問題は生じません。

- 2台のモニターを使用する場合、共有ダイアログボックスでは、デスクトップ1とデスクトップ2（Zoomのバージョンによっては、画面1と画面2）と表示されます。どちらか一方を共有することができます（ただし、前述のように、コンピューターのデスクトップを共有することは勧められません）。

- 2台のモニターを使う場合、画面の共有を開始したり停止したりするときに、2台のモニターにウィンドウがどのように映し出されるのかに慣れるまで少し時間がかかります。練習して、快適に使用できるよう設定を変更してみてください。そうすると、授業中に多くのウィンドウを動かさずにすみます。

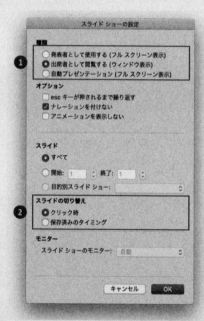

図8-8●提示中にPowerPointが2台のモニターを占有しないように設定を変更する

外部デバイスを用いてプレゼンテーションをおこなう

- Zoomで授業をおこなっているコンピューターとは別のデバイス（iPad、Microsoft Surfaceなど）を使用してプレゼンテーションをおこなう場合は、いくつかの方法があります（以下に説明するように、最初の2つだけを推奨します）。
  1. 追加のデバイスをケーブルでコンピューターに接続してから、Zoomの［画面の共有］機能を使用し、［iPhone／iPad（ケーブル使用）］をクリックします。
  2. 追加のデバイスをワイヤレスの画面ミラーリングアプリで接続します。筆者はZoomを開催しているメインコンピューターにReflectorというアプリでiPadを接続して使用していますが、とても信頼性が高いことがわかりました。
  3. 追加のデバイスで別のユーザーとしてZoomにログインします。したがって、2人のユーザーがZoomに接続することになります（1人はメインコンピューターから、もう1人は追加のデバイスから）。これは、インターネットのネットワーク上で帯域幅を使用するデバイスが2つあるということなので、全体的な品質の低下につながる可能性があります。
  4. iPadを使用する場合だけ、Airplay経由で接続します。学生数が多い場合は、この接続方法は不安定になることがわかっています。

Zoomの背景としてスライドを使う

- 2020年8月初旬、Zoomは既存のバーチャル背景の機能を使わずに、スライドを背景にする方法を導入しました。この機能は［バーチャル背景としてのスライド］と呼ばれるもので、［画面の共有］をクリックしたあとで、［詳細］をクリックするとアクセスできます。本書の出版時点ではまだベータ版ですので、ここでは詳述しませんが（詳細は関連サイトを参照してください）、この方法は、ミッチ・ワイスが用いた方法の代替案になりうるものです。以下の箇条書きの内容に注意してください（これは、Zoomのメインツールバーの［ビデオの開始／停止］アイコンのなかにあるZoomの一般的なバーチャル背景の機能を使用します）。
- ミッチ・ワイスのようにZoomで背景としてスライドを表示する方法

を説明する前に、以下の注意事項があります。

- 使用するコンピューターの処理能力にもよりますが、Zoomの背景を使用すると、コンピューターの動作が遅くなったり、ほかの課題が発生したりする場合があります。
- バーチャル背景を使用すると、ビデオ映像に表示される画像が奇妙な現象を引き起こすことが多々あります。特に、バーチャル背景を使用している人の動作を的確に捉えることができない場合がときどきあります。これが問題になるかどうかを確認するために、試してみるといいでしょう。
- 照明や装置（例えば、コンピューター、グリーンスクリーンなど）やそのほかの方法でこの問題に対処しても、ほとんどの人にとって、この種の問題点が残る可能性が高いことに注意してください。
- これは、バーチャル背景を使用しない理由ではありませんが、バーチャル背景には限界があることを認識して、慎重に使用すべきです。

- 以上から、私からのアドバイスは、このアプローチに時間をかけすぎる前に1つのスライドで試してみることです。
- ミッチ・ワイスのようにZoomで背景としてスライドを表示するには、以下の手順に従います（詳細は関連サイトを参照してください）。
  - お好みのソフトウエア（例えば、PowerPoint、Keynoteなど）でスライドを作成します。スライドの大部分は空白にしておく必要があります（プレゼンテーションの際、教師の顔がほとんどのスライドの前に出ることを覚えておいてください）。このプロセスには試行錯誤がつきものなので、以下の2つのステップに従って、1つのスライドで試しに作成してみてください。その後、テンプレートが適切に機能することを確認してから、追加のスライドを作成するといいでしょう。
  - スライドを画像（例えば、PNG）として保存します。保存方法は、使用しているソフトウエアによって異なります。例えば、Windows用のPowerPointでは、［ファイル］＞［名前を付けて保存］を選択し、ドロップダウンメニューからPNGを選択します。Mac用のPowerPointでは、［ファイル］＞［書き出し］を選択します。
  - Zoomミーティングに参加して、メインバーの［ビデオの停止］の横にある矢印をクリックして、［バーチャル背景を選択…］を

選択し、プラス記号（＋）を選択して、コンピューター上の
PNGファイルを探して、1つまたは複数のスライドをバーチャ
ル背景のリストに追加します。図8-9を参照してください。［バ
ーチャル背景を選択］のオプションが表示されていない場合
は、有効にする必要があります。その方法は、関連サイトを参
照してください。

○授業が始まってからバーチャル背景としてスライドを選択したい
場合は、前述の手順に従いますが、プラス記号（＋）をクリック
するかわりに、バーチャル背景として表示したいスライドに対応
する画像をクリックします。複数のスライドをバーチャル背景と
して使用する予定がある場合は、ダイアログボックスを開いたま
まにしておくと、背景のスライドを切り替える必要があるたび
に、いちいちダイアログボックスを開く必要がありません。

図8-9●Zoomにバーチャル背景を追加する

 第8章のまとめ

・Zoomを使用して、スライド、動画、インターネットブラウザのペー
ジ、そしてコンピューター上のあらゆるものを表示することができ
ます。

・学生が主体的に学習に取り組むことなく、長時間スライドを提示す

ることは効果的でないことを覚えておいてください。授業中は数分ごとに相互にやりとりするよう計画しましょう。

- スライドを共有した瞬間、学生の画面と関心の大部分をスライドが占めてしまうことに注意してください。そのため、スライドの共有は慎重におこない、必要がない時間は共有しないことを検討してください。

- プレゼンテーションをするときは、スライドよりも学生に目を向けるようにしましょう。モニターが2台あると、より簡単にこの目標を達成できます。

第9章
アノテーション

　実際の教室で教えるときに、黒板、ホワイトボード、スマートボード、書画カメラなどのデバイスを使用している場合には、注釈を付けることに慣れているでしょう。私は「アノテーション（注釈を付ける）」という言葉を広い意味で使います。

- 白紙のページ／キャンバス／ボードに書いたり、描いたりすること
- 既存の文書（スライド、テキスト、図など）にメモを書くこと（手書きまたはタイプ）
- 既存の文書に図やグラフ、ビジュアルを描くこと
- 既存の文書に下線を引いたり、ハイライトしたり、丸で囲んだりすること

　アノテーションを使って自分の考えを説明したり、学生のコメントを記録したりすることで、オンラインライブ授業をよりダイナミックに、魅力的に、そして効果的にすることができます。本章では、アノテーションを実際に授業に取り入れるための様々な方法と、Zoomを使ったアノテーションの方法について説明します。これらのガイドラインに目を通して心に留めておくことを勧めます。

- **ツールを選ぶ前に、いくつかのツールをテストしてみましょう。**それぞれのツールには長所と短所があり、自分に合ったものを選ぶことが重要です。例えば、単に白紙のキャンバスの上に書きたいだけなら、フリップチャートやZoomのホワイトボードツールを使用すれば十分でしょう。一方で、スライドの上に書き込みたいならば、タブレットや書画カメラを使うのが好ましいでしょう。
- **ツールを学生に使用する前に、まず、友人、同僚、または家族で試**

してみましょう。誰か（理想的には、異なるタイプのデバイスを使用している複数の人）に学生の役を演じてもらいます。その人とZoomミーティングを設定し、学生が見たり実行したりするのと同じことをしてもらいます。学生と一緒に使用する可能性があるツールをすべて試してみてください。例えば、フリップチャートを使用する場合は、友人にZoomミーティングに参加してもらい、フリップチャートの全面が映るかどうか、手書きの文字が読めるかどうかを確認してもらいましょう。受け取るフィードバックは貴重なものであり、ツールをうまく使いこなすには、小さな調整でも大きな効果があります。

9-1
アノテーションを
授業に組み込む様々な方法

アノテーションを使用して、自分の考えを説明したり、学生の考えを把握したりできます。

アイデアを説明するための注釈

注釈を付けることの一般的な目的は、学生に提示するアイデアを説明したり強調したりすることです。実際の教室で授業をするときに板書をしている場合には、アイデアを説明するプロセスの一部として書くことに慣れているでしょう。同様に、書画カメラやスマートボードを使用している場合には、既存の文書やビジュアルに字を書いたり、絵を描いたり、下線を引いたり、ハイライトしたりすることに慣れているでしょう。

学生のコメントをキャプチャして可視化するための注釈

ハーバード・ビジネス・スクール（HBS）の教室で典型的なケースディスカッションに足を踏み入れると、教授が常にケースの様々な側面について学生に質問し、学生の回答のほとんどをHBSの教室に用意されている9枚のボードのうちの1枚に書き込んでいるのを目にすることでしょう。講師は議論を（「牧草地〔pastures〕」と呼ばれる）異なるセグメントに分割し、通常は各牧草地に1枚（または2枚）のボードを割り当てます。授業の準備をする際に、HBSの教師は学生にどのような質問をするのか、各ボードに何を書くのか、あるボードから別のボードへどのように移行するのか、そして授業が終

わったときにボードがどのように見えるようにするのかを決めることに細心の注意を払うことで知られています。後者は「板書計画（board plan）」と呼ばれ、指導計画の一部を形成しています。これはとても印象的です。

　授業中にここまで詳細に学生のコメントを注釈する方法を計画している人は多くありませんが、黒板でもGoogleスライドでもタブレットでも、学生が言っていることの本質を書き留めることができるということは、とても効果的です。そうすることで、クラスでの学習は集団的なものであり、学生は教師から学ぶだけでなく、お互いからも学ぶことを期待されているという考えが伝わります。学生は自分の意見を聞いてもらっていると感じ、授業に貢献するように促され、より積極的に教育に参加するようになります。学生は自分自身を知識の受動的な受け手ではなく、自分自身の学習体験の積極的な創造者と見なしているのです。最後に、学生が言っていることの本質を書き出すと、学生の学びを目に見えるものにすることができ、授業の様々なポイントで書いたことを参照して、重要なアイデアに下線を引いたりハイライトしたりすることができます。

　教育のほかのあらゆる側面と同様に、何を達成したいのかを熟慮することが鍵になります。学生のコメントを記録するためにどのような方法を使うにせよ、メモをとるために構造化したテンプレートを用意しておくと便利です。これは、物理的なスペースに制約を受けがちなオンラインライブ授業の場合には特に重要です。また、このアプローチの恩恵を受けるために、HBSの完全なティーチングスタイルを採用する必要はありません。授業のある部分について、学生に質問（または一連の質問）をして、その答えをクラス全体から見える場所に書くように決めてもいいでしょう。

9-2
重要な質問：手書きで注釈を付けるのか、タイピングで注釈を付けるのか

　Zoomの授業中にアノテーションをおこなうには、ハードウエアとソフトウエアのオプションが多くあります。どのアノテーション設定があなたにとって最適かを決定する重要なポイントは、手書きで注釈を付けるか、タイピングで注釈を付けるか、ということです。これは個人的な好みの問題ですが、以下のガイドラインを参考にしてください。手書きによる注釈は、スペースをどのように使用するかという点で柔軟性が増し、一部の講師（それと一部の学生）にはより自然に感じられ、より迅速に幅広いアウトプット（単

語、図、下線、ハイライトなど）を作成することができます。タイピングによる注釈は、通常、より読みやすく、見栄えがいいアウトプットにつながり、追加の端末や機器を必要としません。最後に、手書きで注釈を付けることは、あなたの手書きの文字が読みにくい場合はいいアイデアではありませんし、あなたが私のようにゆっくりとタイプする場合、タイピングで注釈を付けることはおそらくいいアイデアではないでしょう。表9-1は、アノテーションに関する2つの方法について検討を勧めるオプションの概要です。

表9-1 ●手書きとタイピングでのアノテーションを検討するためのオプション

方法	注釈を付けるための主要ツール	コスト	学習曲線
手書き	黒板、ホワイトボード、またはフリップチャート	$	低
	紙に書いた手書きを撮影する書画カメラ	$$	中
	書画カメラとして使用するスマートフォン	―	中
	タブレット（iPad、Microsoft Surfaceなど）	$$$	高
タイピング	Zoomのホワイトボード機能	―	中
	プレゼンテーションソフトウェア（例：PowerPoint、Googleスライド）	―	低

注：イアン・トッシュ（Ian Tosh）とクリスティン・サリバン（Kristin Sullivan）がハーバード・ケネディスクールのために作成した文書「バーチャルボードワークのためのオプション（Options for Virtual Board Work）」から許可を得て改変しました。コストの欄は、すでに所有していると想定しているスマートフォンのオプションを除いて、ハードウエアをまだ所有していない（またはアクセスできない）ことを前提にしています。

手書きによるアノテーション

手書きで注釈を付けるには、以下のようなオプションがあります。

①黒板、ホワイトボード、またはフリップチャートへの書き込み
②机上の紙に書き込み、書画カメラやスマートフォンなどでキャプチャ
③タブレットへの書き込み

①黒板、ホワイトボード、またはフリップチャートへの書き込み

　もしあなたが黒板やホワイトボードを使って教えることに慣れていて、（自宅やオフィスのような）空間的に制約がある環境にも適応できるのであれば、それらを使い続けるといいでしょう。上手に使用している数人の講師を見るまで、私はこのアプローチの効果に懐疑的だったことを告白します。もしあなたが実際の教室からオンラインライブセッションを教えることができれば、テクノロジーを使って教室にいるような体験を学生に提供することができるかもしれません。以下の実践篇を参照してください。

実践篇9-1
自宅でのフリップチャートを使ったアノテーション

　レム・コーニング（Rem Koning）は、ハーバード・ビジネス・スクールでストラテジー（戦略）のコースを教えていて、彼の質問に対して学生が答えたことを注釈するためにフリップチャートを使用しています。レムは、フリップチャートの使用を意図的に選択しています。彼は「学生とZoomでスライドを共有した瞬間、すべての注意がスライドに向いてしまいます」と言います。彼は、フリップチャートの前に立ち、質問をしたり、学生の回答をフリップチャートに書いたりすることにほとんどの時間を費やします。フリップチャートは実際の教室に比べてスペースが少ないため、注釈を付ける内容をより意図的に制限しています。黒のマーカーを使って書きますが、重要なアイデアを強調するためにカラーマーカーを使うこともあります。議論の一部分が終わると、次の部分に移動し、フリップチャートの白紙のページをめくります。あるセッションでは、レムは会社の成功のための創業者の重要性を強調したかったので、ディスカッションのその時点で、フリップチャートに創業者の写真を貼り付けました。これは学生たちの記憶に残る方法だと思います。レムは9枚のボードを使って教室で教えることに慣れているので、フリップチャートのスペースの制約に適応できるのであれば、私たちにもできます。図9-1を見てください。

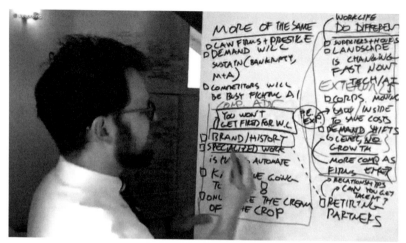

フリップチャートの2列に注釈を付ける

フリップチャートの上に写真を貼り付ける

図9-1●フリップチャートを使用する（レム・コーニング）

実践篇 9-2
教室での黒板の使い方

　スティーブン・J・ミラー（Steven J. Miller）は、ウィリアムズ・カレッジで数学を教えています。彼は、ウィリアムズ・カレッジの学生が実際の教室に同席し、（スワースモア、ヴァッサーなど）ほかのリベラル・アーツ・カレッジの学生がリモートで参加するコースを教えたことがあります。これは、学生が受講できるコース数を増やしたいと考えている小規模なリベラル・アーツ・カレッジではよく見られることです。これらの授業では、彼が板書している間、教室でカメラが彼を追跡できるテクノロジーを使っています（興味があれば、彼が使っているテクノロジーについて説明した記事が関連サイトにあるので参照してください）。これまでのところ、彼は主に2つの問題（学年暦が異なるカレッジの学生と、同じ時間帯に2つのコースを受講したい学生）に対処するために、授業の非同期録画を使用してきました。また、授業を欠席しなければならない学生や授業の一部をもう一度見たいという人のためにも、録画は貴重な資産だと考えています。

　自宅からオンラインで授業をしているときは、小さな黒板やホワイトボードに制限されることを予想するかもしれませんが、スティーブンの例は、教室にアクセスできれば、ライブのオンライン授業でフルサイズの黒板を使用できるかもしれないことを示唆しています。リベラル・アーツ・カレッジのウェビナーで、彼は、講師が注釈を付ける方法の一つとして黒板の使用についてコメントし、「私は、Zoomを会話を促進するのに役立つ方法と見なしています。内容によっては、違うもののほうがうまくいくこともあるでしょう。探究してみてください」と述べています。図9-2を参照してください。

図9-2 ●ライブ授業に参加できない学生のために教室での授業を録画する（スティーブン・ミラー）
（出典：https://www.youtube.com/watch?v=NgHIiZUYI6g&feature=youtu.be）

②机上の紙に書き込み、書画カメラやスマートフォンなどでキャプチャ
　紙にペンで書く感覚が好きな人は、書画カメラやスマートフォンなどを使って、学生のコメントをキャプチャし、そのコメントを共有することを検討してみてはいかがでしょうか。この設定の利点の一つは、白紙のページだけでなく、印刷されたページやスライド、新聞や雑誌の1ページをも使うことができるということです。このようにして、ペンを使って書き込んだり、ハイライトしたり、注釈を付けたり、下線を引いたりすることができます。これによって、柔軟性が高いシステムになっています。このオプションを検討する際には、以下の2つのことに注意してください。

- 書いたり機材を置いたりするスペースが机の上に必要になります。
- カメラの下に置いたものは何でも映し出されます（つまり、手に自信がない人はダメですよ！）。

実践篇9-3
書画カメラなどを使ったアノテーション

　ショシャンナ・コスタント（Shoshanna Kostant）は、マサチューセッツ

州ブルックライン高校の教師で、数学を教えるのに書画カメラを使用しています。彼女はときどき、1枚の紙に書かれた問題をあらかじめ解いておいて、そのページの内容の一部を隠すために、もとの紙の上の一部に白紙を置くことがあります。問題の解き方を説明していくうちに、カバーシートを徐々にスライドさせて、もとのシートの内容をより多く見せていきます。このようにして、非常にシンプルな方法で、生徒の学習の足場を作ることができます。さらに、生徒に解いてもらいたい問題に到達したら、授業を一時中断し、生徒に考える時間を与え、プライベートチャットに答えを書くように指示します。そして、生徒を指名して発言を求め、徐々にカバーをスライドさせて、問題のその部分の解答を見えるようにしていきます。図9-3を見てください。ほかの場面では、解答をあらかじめ準備しておくかわりに、数学の問題だけを事前に書いておき、学生が口頭で解いていくにつれて答えを書いていくこともあります。

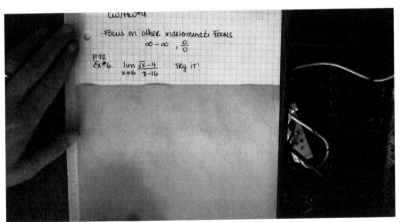

図9-3 ●数学の問題のカバーシートをスライドさせる（ショシャンナ・コスタント）

第Ⅲ部 教師の関わり方

図9-4●書画カメラのセットアップ（ショシャンナ・コスタント）

　スマートフォンを書画カメラとして使うこともできます。これを機能させるには、あなたが書いている紙を撮影できるように携帯電話を配置する必要があります。また、お使いのスマートフォンがコンピューターの追加カメラとして機能していることをZoomが認識できるように、アプリをインストールする必要があります。詳細は、後述の「技術的なヒント」を参照してください。書画カメラを使用する利点は、この用途に特化して設計されたデバイスであることです。欠点は、机の上のスペースを占有することと、（すでにスマートフォンをもっている場合は）既存のスマートフォンを使用するよりも高価なことです。

③タブレットへの書き込み
　手書きで注釈を付けるための最も柔軟なオプションは、タブレットに書き込むことです。すでに電子ペンを搭載したタブレット（例えば、iPadのApple Pencil、Microsoft Surfaceのスタイラスなど）を使用している場合、これはおそらくあなたにとって魅力的なオプションでしょう。この方法が非常に柔軟である理由は、基本的にタブレット上のどんなものでも学生と共有できるからです。つまり、学生のコメントを書くのに使い慣れたソフトであれば何でもい

いのです。例えば、PowerPoint や Keynote は、タブレット上で表示されている間にスライドに手書きすることができ、手で書き込める柔軟性とともに最新のプレゼンテーションソフトウエアの利点を提供しています。また、Microsoft OneNote、Notability、GoodNotes など、よりメモをとるために特化したソフトウエアを使用することもできます。最後に、Zoom のホワイトボード機能を使用して、タブレットを使って書き込むこともできます。

実践篇9-4
タブレットを使ったアノテーション

　テディ・スヴォロノス（Teddy Svoronos）は、ハーバード大学ケネディスクールで量的手法（quantitative methods）を教えるために iPad を使用しています。彼は、講義資料の PDF を GoodNotes というアプリにインポートして、授業中に PDF を投影して注釈を付けています。彼が学生に質問をして、学生が答えると、彼らの答えを講義資料に書き込んでいきます。また、ペンを使って、表の重要な部分に下線を引いたり、学生に特別な注意を払ってもらいたい部分をハイライトしたりしています。学生は自分の意見が講義資料に反映されているのを見ていて、資料に学生の発言を記録することによって、抽象的な会話に陥りがちなことを根拠づけています。

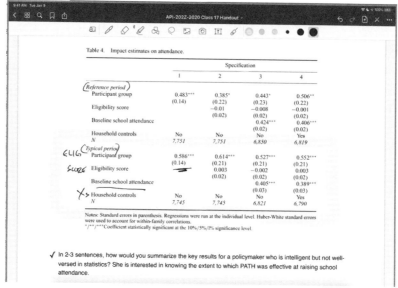

図9-5●学生からの答えに基づいて PDF に注釈を付ける（テディ・スヴォロノス）

タイピングによる注釈

タイピングで注釈を付けるには、2つの主要なツールがあります。

①Zoom のホワイトボード機能
②お好みのソフトウエア（例えば、PowerPoint 、Google ドキュメント、Google スライド、Microsoft OneNote 、Microsoft Word など）を使用したコンピューター上の文書

①Zoom のホワイトボード機能
　学生の発言内容に注釈を付ける簡単な方法は、文書に入力することです。これはZoom のホワイトボード機能を使っておこなうことができます。この機能はいまのところかなり基本的なものですが、Zoom に組み込まれているという利点があります。つまり、すべてのことをZoom 内でおこなえます。ホワイトボードを使うには、［画面の共有］をクリックして［ホワイトボード］アイコンを選択するだけです。

図9-6●［画面共有］でZoomのホワイトボード機能を有効にする

　ホワイトボードのなかに入ったら、［テキスト］を押して、キャンバス上の好きな場所にテキストボックスを配置し、入力を開始します。また、絵を描いたり、ほかのオプションを使ったりすることもできます。Zoomのホワイトボード機能を使って描画または手書きする場合は、タブレットを接続しておこなうことを勧めます（後述の「技術的なヒント」を参照してください）。

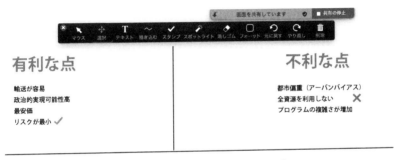

図9-7●Zoomのホワイトボードを使ってテキストを入力する

　最後に、ホワイトボードに注釈を付けるために表示されるツールバーは、Zoomの［画面の共有］機能を使って共有される資料（PowerPointスライド、PDFなど）に注釈を付けるために使用できるものと同じであることに注意してください（このツールバーを使用して注釈を付ける方法の例は、「技術的なヒント」を含めて、第7章「共有する」を参照してください）。

②コンピューター上の文書
　授業中にノートをタイプするためのより着実なオプションは、白紙の文書（PowerPoint、Keynote、Googleスライド、Googleドキュメントなど）を用意して、そこにタイプして書き込む様子を［画面の共有］機能を使って学生に見せることです。その際には、ページ上の適切な場所に正確に入力できるようなメモ書き用に構造化されたテンプレートを用意しておくと便利かもしれませ

ん。PowerPointを使った方法の例は、「実践篇9-5」を参照してください。

実践篇9-5
PowerPointでタイプして注釈を付ける

　ミッチ・ワイス（Mitch Weiss）は、ハーバード・ビジネス・スクールでアントレプレナーシップ（起業家精神）のコースを教えていて、Power-Pointを使って質問に対する学生の発言に注釈を付けています。彼は、学生が発言しているコメントを入力する場所をすぐに決めることができるテキストボックス付きのスライドをいくつかもっています。これを実現するためのポイントは、ノートをどこにタイプすればいいのかすぐにわかるように、非常に意図的にメモをとるスライドをデザインしていることです。彼は学生にスライドを提示しているとき、PowerPointは「通常」モード（すなわち「スライドショー」モードではない）なので、スライド上に入力でき、サイドバーを最小化してスライドはできるだけ大きくして、学生がほかのスライドを見ることができないようにしています。図9-8を参照してください。

　ミッチは、学生とこれらのスライドを共有するために［画面の共有］を使用することもありますが、彼は学生が（スライドではなく）お互いをより多く見てほしいとき、スライドにメモをとり続けますが、画面共有は停止します。授業中、彼は［画面の共有］モードをスムーズに切り替え、学生が彼や学生同士を見たり（［画面の共有］はオフ）、彼がタイプしているスライドを見たり（［画面の共有］はオン）することを交互におこなっています。

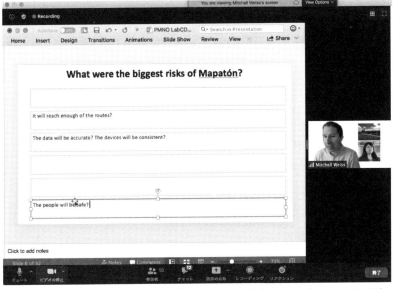

図9-8 ● PowerPointのスライドに学生のコメントを入力する（ミッチ・ワイス）

　学生のインプットを記録するためにGoogleスライドやGoogleドキュメントのような共同作業ソリューションを使用することの利点は、学生自身が共有ドキュメントに直接コメントを入力できることで、ノートをとることがより共同作業的になることです。オンラインライブ授業のグループワークでGoogleスライドを使用する方法の詳細は第6章「グループワーク」を、コミュニティを構築するためにGoogleドキュメントを使用する方法のいくつかのアイデアについては第11章「コミュニティの構築」を参照してください。

技術的なヒント

- 授業をおこなう部屋でフリップチャートや黒板を使って注釈を付ける場合は、Zoomで参加している人たちと一緒に、フリップチャートや黒板はどの位置にあるべきか、どの部分が読みやすいか、など、設定をテストしてみましょう。
- 書画カメラを使用して注釈を付けることを計画している場合は、市

場には多くのオプションがあります。2つの重要な特徴は、解像度とサイズです（机の上に収まる必要があります）。関連サイトには、オプションのいくつかのリンクがあります。

- 2020年5月、Zoomはバーチャルカメラに対応し、スマートフォンを書画カメラとして利用できるようになりました。ソフトウエアをインストールする必要があり、市場にはいくつかのオプションが用意されています。関連サイトにはオプションのリンクがいくつかありますので、参考にしてください。共有するには、Zoomのメインツールバーの［画面の共有］をクリックし、［詳細］をクリックし、［第2カメラのコンテンツ］をクリックします。図9-9を参照してください。

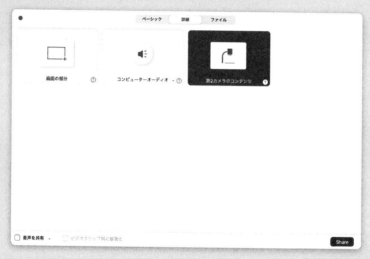

図 9-9 ●第2カメラのコンテンツを共有する

- 追加のデバイス（iPad、Microsoft Surfaceなど）を使用して注釈を付けることを計画している場合、追加のデバイスを表示する方法の詳細は、第8章の「技術的なヒント」を参照してください。
- 単に電子ホワイトボードを使用して学生のコメントを手書きしたい場合は、Zoomのホワイトボードツールを使用します。理論的には、手書きするためにマウスを使用することはできますが、見栄えがいいことはまれで、ペンで書くよりもマウスで書くほうが時間がかかるので、率直に言ってこの方法は勧められません。かなりの量を手

書きしてZoomのホワイトボードを使用したい場合は、タブレット（例えば、Wacom、iPad、Microsoft Surfaceなど）と電子ペンの接続を検討するといいでしょう。

 第9章のまとめ

- 自分の考えを説明したり学生のコメントを記録したりするために注釈を付けることで、授業をよりダイナミックに、魅力的に、効果的にすることができます。
- どのツールを使用するかを決める際には、手書きで注釈を付けるのか、タイピングで注釈を付けるのかを決めるといいでしょう。
- 自分に合ったツールを決めるために事前にテストをおこない、友達や同僚と一緒にテストをして調整してから教室で使うようにしましょう。

第IV部
すべてを
統合する

　第IV部の目的は、第I部から第III部までで学んだことをより広い文脈でまとめ、各要素を統合していくことです。第10章「同期と非同期のブレンド」では、オンラインライブ授業はオンライン学習のより大きなエコシステムの一部にすぎないことを認識し、ライブ授業でどのような教材を提示すべきか、ライブ授業以外の学習で何を扱うべきかをどのように決定するか、についての基準を提供します。そして、この2種類の学習体験を相乗効果をもたらすように組み合わせる方法に焦点を当てています。第11章「コミュニティの構築」は、オンラインコースでコミュニティを構築するという重要な目標についてです。この章は、授業前、授業中、授業外でコミュニティを構築するために採用できる実践方法を中心に構成しています。最後に第12章「次のステップ」では、学んだことの一部をまとめるためのアドバイスや、次のステップを整理するためのアイデアを提供します。

第10章
同期と非同期のブレンド

　本書の焦点であるライブのオンライン授業は、オンライン学習のより大きなエコシステムの一部にすぎません。対面授業と同じように、学生のコースへの関わりはライブ授業の間だけではありません。学生は通常、リーディング課題、宿題、オンラインモジュール、小テスト、プロジェクト、振り返り、小レポートなど、授業以外にも多くのことに取り組むように求められます。そのため、教師は授業中の作業と授業外の作業のバランスを考えることにはすでに慣れているでしょう。

　とはいえ、多くの教師がオンラインで教えるように移行しているため、ライブ授業ではどのような教材を扱うべきか（同期）、学生には自分の時間でどのような教材を学習してもらうべきか（非同期）、より慎重に考えるように促されています。第3章で説明したように、多くの講師が、オンラインのライブセッションでは、同じくらい長時間の対面セッションよりも少ない教材しか学習できないと報告しているため、この点はいまは特に顕著です。つまり、私たちの多くは、どの教材をライブセッションに残すか、どの教材を学生に自分の時間に取り組んでもらうか、あるいは単にカットするかについて、難しい決断を迫られることになるでしょう。さらに、私たちのなかには、授業スケジュールの都合上、学生に対面で教えていたときよりもライブ授業の時間が少ない環境にいる教師もいるでしょうし、今後そうなることもあるでしょう。

　本章では、どのような教材を同期学習に提示し、どのような教材を非同期学習に振り分けるべきかをどのようにして決定するかについての議論から始めます。次に、学生の非同期学習をどのように活用すればよりいい同期授業をおこなうことができるのかという問題に焦点を当てます。

主な定義
• 同期：ライブ授業（Zoom）に教師と学生がともに参加します。
• 非同期：学生は自分の時間（ライブ授業の前後）に教材に取り組みます。

重要な決定
①授業内容を同期と非同期に分けるにはどうすればいいか。
②よりいい同期セッションをおこなうためには、非同期学習をどのよう
　に活用すればいいか。

10-1
授業内容を同期と非同期に
分けるにはどうすればいいか

　この質問に対する答えは、学生自身が非同期でできることと比較して、ライブ授業がどのような点で優れていると考えるかにかかっています。言い換えれば、一緒にいることで効果がある学習活動とはどのようなものでしょうか。これは、教師が考える学習目標、扱う教材、また教え方によっても異なりますが、表10-1は一般原則と考えられることをまとめたものです。

表 10-1 ●同期学習と非同期学習の一般原則

	同期学習	非同期学習
改善の ために	• 学生同士で異なるものの見方をシェアすることが重要です。 • 学生同士の学び合いが重要です。 • 対話が重要です。 • ファシリテーションのために介入したり考えさせることが重要です。 • コミュニティを作りたいです。	• 教師は授業前に、学生に共通基盤（特に基本的な考え方や概念）をもたせたい、または培ってほしいと考えています。 • その課題に関する学生の視点や背景を知ることは、ライブ授業の進め方に影響します。 • 学生が自分のペースで学習を進められるような教材は、彼らの学びにとって有益です。 • 学生が熟考したり反省したりする時間を十分にもつことは有益です。
典型的 な例	• 討論会 • ソクラテス式問答 • 投票機能を利用し、投票の質問について学生間でグループワークをする。 • デリケートな問題や感情的な問題についての議論 • 一緒にいることでコミュニティの構築を支援する活動	• リーディング課題（本、記事、ケーススタディなど） • 動画 • ミニレクチャー • 教材の背景がほとんどない学生が強い背景をもつ学生よりもゆっくりとしたペースで進めることができるオンラインモジュール • コンピュータープログラミング課題

洗濯物テスト

　私が教えている学校では、Zoomの授業はたいてい録画されるので、ライブ授業に参加できない場合でも学生は録画を見ることができます。ベアトリス・ヴァスコンチェロ（Beatriz Vasconcellos）という学生に、ライブ授業に参加するかあとで録画したものを見るかをどうやって決めるのかと尋ねてみました。その答えは驚くべきものでした。彼女は、「この授業は洗濯物をたたみながら聞けるような授業か?と自問自答して決めます。答えが「はい」なら録画を見るし、「いいえ」ならライブ授業に参加します」と言いました。一般的には、同期学習と非同期学習のどちらであっても、洗濯物をたたみながら学習することが不可能なくらい集中が必要な授業内容を組み立てるべきだと思いますが、この質問は、非同期学習のために何を用意すべきかを考えるヒントを与えてくれると思います。もし学生が授業中に洗濯物をたためそうだと思うなら、その内容を削除するか、非同期学習に振り分けるべきでしょう。

警告

　最近、ある講師の話を聞いたのですが、昨年の教室での講義がとても退屈だったので、それを録画して学生がオンラインで見ることができるようにして、貴重なライブ授業の時間を節約できるようにしたのだそうです。彼と話したときにはもっと気を使った言い回しで伝えましたが、この件についての私の見解は次のとおりです。ライブ授業で退屈なものを、録画したら退屈ではなくなると思うのはなぜでしょうか?!　さらに一般化して言えば、ライブ授業で効果的でないのなら、非同期課題としてもおそらく効果的ではないでしょう!

非同期教材のデザイン

　効果的な非同期教材をどのようにデザインするかは本書の範囲を超えていますが、以下のガイドラインは参考になるかもしれません。

- **同期学習を計画するときと同様に、アクティブ・ラーニングの原則を用いましょう。**学生が教材を咀嚼したり、習得したり、応用したり、振り返ったり、理解したりする機会を設けずに、教師が長時間話し続けることがないようにしましょう。これは、長時間録画をいくつかに小さく分割し、学生が積極的に関与できるところに質問を

含めることで実現できる場合があります。これらの質問は、ただの時間つぶしではなく意味があるようにしてください。

- **非同期教材の設計に、ライブ授業のデザインに役立つような学生の情報を収集する機会を組み込みましょう。**例えば、アンケートや小テストとしていくつか質問をすることは、学生がどの部分をすでに習得し、どの部分をまだ理解していないのかを把握するのに役立ちます。また、学生に教材を自分の生活に応用してもらうことや、教材について自由形式の質問をすることもできます。どのような情報を収集し、どのように活用するかは、次節を参照してください。

- **録画教材以上に考えましょう。**多くの教師は、学生が授業前に視聴する動画を制作するのと同じくらい、非同期教材を準備する必要があると考えていると思います。録画した動画は非常に効果的だと思いますし、私自身もよく利用しています。しかし、オンラインで複数のコースを受講している学生にとって、教師やクラスメイトとのやりとりがすべて画面越しになるため、非同期学習のために数多くの動画を制作した結果、多くの人がいまでは「画面疲れ」と呼んでいるような疲労感を覚えているのではないかと心配しています。そこで私からのアドバイスは、非同期の教材をコースに含めるならば、画面を見なくてもいい代替教材があるかどうかを考えることです。例えば、音声ファイルを録音し、学生が自分のスマートフォンにファイルを（例えば、QRコードを読み取って）ダウンロードしやすいようにしておけば、歩きながらや何かほかのことをしながらそのファイルを聞いてもいいとはっきり指示することができます。

　関連サイトには、反転学習教材や非同期教材の具体例など、非同期教材を作成するために効果的な情報へのリンクがあります。

実践篇10-1

授業時間を有効にするための非同期教材の作成

　ゲイリー・キング（Gary King）は、ウェザーヘッド大学の教授でハーバード大学の計量社会科学研究所の所長でもありますが、担当コースの一つのすべての講義を録画し、誰でも自由に利用できるように世界に公開しています。彼は、以下の3原則に従えば、教育的価値を高め、学術

的なインパクトを与えるように、動画デザインを最適化することができると主張しています。3原則とは、①人間がより魅力的で、②スライドにはより有益な情報を載せ、③学習体験はメディア媒体の恩恵を受けるべきである、というものです。この3原則をふまえた彼のアプローチは、画面の左3分の2にスライド、右3分の1に講師をフルサイズで載せるという動画デザインです（図10-1を参照してください）。そして、授業時間を利用して学習を最適化し、彼の場合は次のようなことをおこないます。①全体像に立ち戻り、②彼が共同で制作したPerusallと呼ばれるソフトウエアアプリケーションから拾い集めた混乱しやすいいくつかの重要なポイントに焦点を当て、③重要なポイントが記憶に残るようにストーリーやリサーチ、デモンストレーションに結び付けます。彼が思慮に富んだ記事を書いているので、関連サイトを参照してください。記事では、このような非同期動画を制作するための彼のアプローチを説明し、研究発表や講義を自分で録画するためのより広範な可能性について議論しています。この記事には、彼が作成した動画やスライドへのリンクもついています。

図10-1 ●話し手のビデオ映像とスライドを一緒に収録した動画（ゲイリー・キング）

10-2 ————————————————————

よりいい同期セッションをおこなうためには、非同期学習をどのように活用すればいいか

　前述したように、学生の情報を収集するように非同期教材をデザインすることで、よりいい同期セッションを実施することができるようになります。図10-2は、この同期と非同期の「ブレンド型学習（blended learning）」をおこなううえでの3つの重要なステップをまとめたものです。

図10-2 ● ブレンド型学習のプロセス

　私が気づいた一つのパターンは、一部の教師が、ステップ2を飛ばしたり有効活用していないことです。表10-2は、どのような情報を収集し（ステップ1）、見直し（ステップ2）、その情報をライブ授業でどのように活用するか（ステップ3）、についてのいくつかのアイデアを提供しています。一つ注記を加えるとすれば、ライブ授業（ステップ3）のあとに非同期課題を出すことがありますが、これは学生の学びを定着させ、次の授業計画を調整するのに役立ちます。この場合、図10-2は一方向というよりはむしろサイクルと見なせます。

表10-2 ●非同期活動で収集できる情報とその活用方法

学生について教師が集められる情報	この情報をどのように活用するか
非同期学習をおこなった学生の割合は？	教師が指示しただけで、学生が課題をやったとはかぎりません。この情報によって、学生に対して出された課題に答える必要があることを思い出させることができます。
教材のどの部分をすでに理解したか、またどの部分をまだ理解していないか	この情報は、教師が授業時間をどのように配分すべきかを決めるのに役立つかもしれません（すでに習得している教材にかける時間を減らすことで）。
どのようなメンタルモデルと誤解で授業に臨んでいるか	学生のメンタルモデルや誤解を知ることによって、直接的に学びを深めることができます。
正解がない問いに対して、学生がどのような選択をしたか	学生たちがこれらの問いにどのように答えたかを知ることで、ライブ授業の時間配分を決めたり、ライブ授業中にどの学生に声をかけるかを事前に認識するのに役立ちます。
授業内の教材に関連して、各自がどのような個人的または専門的経験をもつか	それぞれの学生の背景を把握することで、授業内の適切なタイミングで発言させることができます。
学生たちが授業教材をどのように実生活で応用して使いこなしているか	学生が提供してくる例を使って彼らの立ち位置を知ることで、授業教材を彼らが興味あるものとつなげることができます。

ブレンド型学習の2つの実践例の紹介

　教師の想像力を刺激し、教師がライブ授業に関するアイデアを考えるのに役立つことを期待して、ブレンド型学習の2つの実践例を紹介します。

例1　学生が習得したことと習得していないことの情報を活用する

　授業前に学生にいくつかの課題を出し、その結果を5題の多肢選択式のアンケートや小テストで回答させると同時に、どうしてそのように回答したのかを説明させます。図10-3は小テストの結果です。棒グラフの下の数字はその問題に正解した学生の割合を、上の数字は不正解だった学生の割合を表しています。このことから、学生は問2、問3、問4で問われている内容は理解しているように見えますが、問1と問5の内容は習得するのがより困難であると結論づけられます。この結果から、問2、問3、問4に関連する内容に割り当てる授業時間を減らし、問1と問5に関連する内容に割り当てる授業時間を増やすことになります。この教材の非同期部分の学生の学習結果についてこれらのデータを収集していなければ、このような判断を下すのは困難であるというのは注目すべきです。

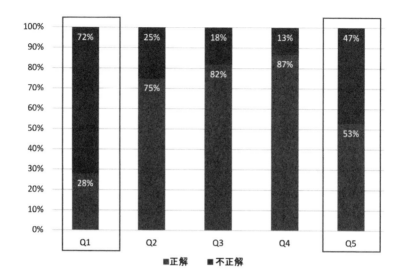

図 10-3 ● 授業前の小テストの各問題に関する学生の正答率のまとめ

　さらに、問 1 を詳しく見ることにします。問 1 を誤答した学生が提出した説明を分析することで、それらの学生が誤って理解している内容を把握することができます。また、この問題に正解した学生の説明のなかにも、いくつかの誤解があることを見つけることがあります。このような情報を得ることで、学生が非同期教材のどの部分に困難を抱えているのかだけでなく、それがなぜかを知ることができるようになります。その結果、これらの困難の原因に直接対処する授業計画を立てることができるようになります。例えば、同じような誤解が生じやすい問題を授業で出題し、ディスカッションやそのほかの手段を使って、その問題に対してどうしてこれらのアプローチをとってはいけないのかを理解させることができます。繰り返しになりますが、この教材の非同期部分について学生からこれらのデータを収集しなければ、このような行動をとることは困難でしょう。

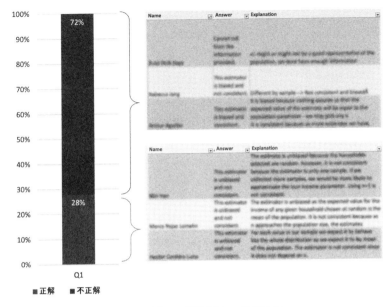

図10-4●多肢選択式の問題に対する回答理由の分析結果
注：学生の個人情報保護のため、右部分をぼかしてあります。

例2　正解がない問題に対する学生の回答を活用する

　学生に記事やケーススタディを読ませて、好みを表明してもらったり立場をとってもらったりして授業を終了します。例えば、多肢選択式の質問に3つの選択肢を用意して「この記事で提示されている証拠を前提として、これらの3つの立場のうち、どれが最も妥当だと考えますか?」と尋ねます。あるいは、ケーススタディの場合は「もしあなたがこの事例の当事者の立場だったら、どう判断しますか?」と質問し、学生に回答案として3つの選択肢を与えます。いずれの場合も、多肢選択式の質問のあとに、自分がなぜそれを選択したかを手短に説明するように学生に質問します。

表10-3 ●正解がない問題に対する学生の回答を活用する

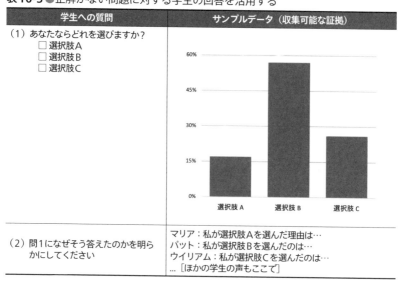

学生への質問	サンプルデータ（収集可能な証拠）
（1）あなたならどれを選びますか？ □ 選択肢A □ 選択肢B □ 選択肢C	
（2）問1になぜそう答えたのかを明らかにしてください	マリア：私が選択肢Aを選んだ理由は… パット：私が選択肢Bを選んだのは… ウイリアム：私が選択肢Cを選んだのは… …［ほかの学生の声もここで］

　最初の設問に対応するデータを見ると、半数以上の学生が選択肢Bを支持していて、選択肢Aを支持している学生はほとんどいませんでした。あなたはライブ授業の計画を立て始め、クラス討論で選択肢Aが正当に扱われるようにするための戦略を考えます。2番目の質問の答えに目を通し、選択肢Aを支持していたルースが、この選択肢について非常に説得力がある主張をしていることに気がつきました。そこで、ライブ授業のときに、ルースに声をかけることにしました。さらに、選択肢Cに投票したヴァルンは、ルースの主張とは正反対でありながら面白い主張をしていることがわかり、ルースを指名したあとにヴァルンを指名することで面白い議論にしたいと考えます。このような情報を得たうえでライブ授業に臨めることになり、非同期課題を活用することによって、学生の立ち位置を知り、より前向きで活気があるライブ授業をおこなうことが可能になります。

　ライブ授業を開始するとき、どの学生がどの選択肢を選んだかをどうやって覚えておくかも課題です。ローテクな方法としては、多肢選択式の問題に対する回答ごとに学生の名前を並べ替え、それを紙に印刷して、ディスカッションの展開に合わせて名前を探し出す方法があります。これはとても単純な方法ですが、ライブ授業中に印刷された紙を見なければなりません。

　よりハイテクな方法は、学生全員に、Zoomの自分の名前を自分が選んだ選択肢番号を入れたものに変更してもらうことです（方法については、後述の

「技術的なヒント」を参照してください）。例えば、A－ルース・レヴァイン、C－ヴァルン・ガーグ、などです。こうすることで、参加者リストには、学生の名前だけでなく、重要な選択肢に対して授業前課題にどのように回答したかが表示されます。授業中に、事前に計画したとおりにルースとヴァルンを指名し、活発な議論が繰り広げられます。それから、選択肢Bを選んだ学生を参加させようとしたときに、3人の学生が挙手しているのに気づき、そのうちベアトリクスだけが選択肢Bを選んでいることがわかりました。ベアトリクスを指名し、議論が続きました。そこで魔法が起きます。学生たちが自覚していないにもかかわらず、いままでに見たことがないようなレベルで、魅力的な議論を演出できたのです。そして、このようなことが起きたのは、教師が時間をかけて、非同期課題に対する学生の取り組みについて知りたいと考え、その情報を収集し、その結果を授業計画の参考にしたからなのです。

　実践例で紹介したようなブレンド型学習アプローチを採用する場合、以下のような疑問が浮かんでくるかもしれません。

学生に非同期課題を確実に完了させるには

　この質問に対する答えは、所属機関の状況によって違いますが、これらの授業前課題の完了をコースの成績評価に含めることを検討してみてください。正解したかどうかではなく、完了（または努力）したかどうかで評価することを勧めます。

すばらしいとは思うが授業のたびにやる時間がない！　どうしたらいいか

　毎回の授業でやる必要はありません。教育に関するほかのすべてのことと同じように、小さなことから始めることを勧めます。次の学期のうち2、3回の授業で実験的にやってみてください。あるいは、時間を節約するために、説明のための自由記述を求めずに、多肢選択式問題や数値問題だけを出題してみてください。その結果を見てみれば、多くのことを学べるでしょう。その後、次の時間に調整して、より多くのことができるかもしれません。あるいは、それが自分には向かないと判断して、2度とやらないということもあるかもしれません。

学生に非同期課題をいつやらせるか

　同期課題と非同期課題のタイミングを正確に合わせるには多くの要因がからみますが、一般的には、非同期課題は授業計画を立てるよりも前に締め切りを設定したいと思うでしょう。ライブ授業の開始が午前9時であれば、締

め切りを前日にすることで、情報を確認したり、授業計画を調整したりする時間を確保できます。授業の直前を締め切りにしたとしても、前日までにいくらかの決定ができるのに十分なデータがあれば、少なくとも授業の直前に最終的な調整をおこなうこともできます。

 技術的なヒント

- 学生がZoomで名前を変更するには、以下の操作をしてもらいます（図10-5を参照してください）。
  - ツールバーの［参加者］をクリックすると、参加者リストが表示されます。
  - あなたの名前の上にカーソルを合わせてください。
  - ［詳細］をクリックしてください。
  - ［名前の変更］をクリックします。
  - 新しい名前を入力してください。
  - ［エンターキー］を押してください。

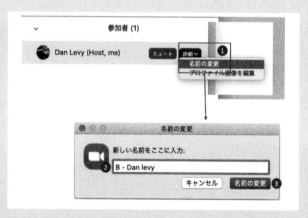

図10-5●学生が投票した選択肢を追記してZoomの名前を変更する手順

第10章のまとめ

- ライブのオンライン授業は、オンライン学習のより大きなエコシステムの一部にすぎません。
- 重要な決定①授業内容を同期と非同期に分けるにはどうすればいいか。
  - 洗濯物テストを思い出してください。学生が課題に取り組んでいる間に洗濯物をたためると考えられる場合は、その内容を削除するか、非同期学習に振り分けることを検討してください。
- 重要な決定②よりいい同期セッションをおこなうためには、非同期学習をどのように活用すればいいか。
  - 学生の非同期教材への取り組みに関するデータを収集し、よりいいライブ授業をデザインするために活用することができます。

第**11**章

コミュニティの構築

　オンライン学習でのコミュニティ構築の重要性について書かれているものはたくさんあります［注20］。教室内での交流（学生と教師、さらに学生同士）は、実際の教室ではほぼ自動的に発生しますが、バーチャルな教室で強力な学習コミュニティを構築するためには、このような交流を作ることに関してより慎重にならなければなりません。強力な学習コミュニティの最終目標は、学生に帰属意識と仲間意識を植え付け、モチベーションをアップして、学習意欲と忍耐力を高めることです。本章では、オンラインライブ授業でコミュニティを構築する方法に焦点を当てます。表11-1には、コミュニティ構築を3つの主要な目標に分類し、それぞれの目標を達成するための具体案を例示しています。関連サイトには、オンライン学習でのコミュニティの築き方について、より広範囲の推薦図書や資料を掲載しています。

表11-1●コミュニティ構築の目標

コミュニティ構築の目標	例
学生が教師と関わる機会を育む	・授業の数分前にオンライン教室を開き、授業後も数分間は開けたままにしておきましょう。 ・オフィスアワー（学生が相談できる時間）を拡大しましょう。 ・オフィスアワーの新しい形態（例えば、グループでなど）を模索しましょう。 ・学生との1対1のコミュニケーションの頻度をあげましょう。 ・学生の名前を覚え、基本情報を把握しましょう。 ・各学生がコース内で各自をどう評価するかといったフィードバック情報を集めましょう。
学生同士の関わり合いの場を醸成する	・毎回その場で少人数でのブレイクアウトをおこないます。 ・小規模または小負荷のグループワークを設計します。 ・大規模または高負荷のグループプロジェクトを設計します。 ・ピアレビューやフィードバックの機会を作ります。
学習コミュニティの共同構築に学生を関与させる	・最初にアイスブレイクを設定して、学生がお互いのことをより深く知ることができるようにします。特にコースに関連した体験が望ましいです。 ・学生にも授業参加のルールを一緒に作るよう促しましょう。 ・コースのための新しいコンテンツや事例を提案することを学生に求めましょう。

注：この表は、私の同僚で学習デザイナーのマリア・フラナガン（Maria Flanagan）からの情報に基づいて作成しています。

　本章は、授業前、授業中、授業外でコミュニティを構築するための実践例を中心に構成されています。

11-1
授業前のコミュニティ構築のための実践

　授業が始まる数分前に、学生にライブのオンライン授業に参加するよう勧めるのはいいアイデアです。これによって、学生は教師やほかの学生の顔を見て、帰属意識やコミュニティを強化する活動（以下のアイデアを参照してください）に従事し、技術面（ビデオやマイクなど）をテストし、正規の授業開始前に準備が整っていることを確認できます。

　授業開始のどのくらい前に学生に参加してもらうべきでしょうか。これは、所属機関の状況、教師の個人的な好み、時間的制約などによって異なるのはたしかです。しかし、ここでは2つのことを念頭に置くといいでしょう。第1に、前述したように、対面授業に比べてオンラインで交流をもつにはより慎重にならなければなりませんが、授業の直前と直後にその機会を設けるのは簡単な方法の一つです。第2に、実際の教室で教えている場合、授業前に学生に長時間対応できない理由の一つは、ほかの教師が前の時間に教室を占有しているからです。しかし、バーチャルな教室ではこの制約はありません！　もちろん、教師と学生が授業開始前に準備ができている必要がありますが、もしできるならば、学生と関わりをもち、コミュニティを築き、授業を生産的なものにするチャンスを最大にするすばらしい方法だと思われます。

授業開始前に何をするか

　コミュニティを築くために、授業開始前にできることはたくさんあります。アイスブレイクの質問をしたり、音楽を再生したり、参加者に様々な方法で自分のことを表現してもらうなどです。以下に、それぞれの活動の例を示します。どのような活動を選んだとしても、教師としての目標は、まずその場に出席し、学生とつながり、学生同士が互いにつながれる機会を作ることにするといいでしょう。

実践篇11-1
授業前にアイスブレイクの質問をする

　キャリー・コナウェイ（Carrie Conaway）は、ハーバード教育大学院の上級講師で、マサチューセッツ州初等中等教育省（Department of Elementary and Secondary Education, DESE）の主席戦略研究員です。彼女は授業開始の数分前にライブセッションをオープンし、参加してくる学生を温かく迎え、アイスブレイクの質問をして（例えば、『ゲーム・オブ・スローンズ』のどのキャラクターになりたいですか?、またそれはどうしてですか?）、学生に音声またはチャットで返答するよう促します。

実践篇11-2
授業前に音楽を使う

　テディ・スヴォロノス（Teddy Svoronos）は、昼はハーバード・ケネディスクールの講師、夜はジャズミュージシャンで、音楽をこよなく愛しています。彼は自分のクラス用に作成したSpotifyのプレイリストから曲を再生して、学生たちと音楽への愛を共有しています。彼は学生にもこのプレイリストに曲を推薦することを勧めていて、これが彼のクラスの学生たちがコミュニティを構築する要因の一つになっています。彼はまた、授業が始まる前にチャットに何かを書くように学生に勧めています。図11-1の彼の1枚目のスライドを見てください。これは授業前に学生に提示されるものです。ライブセッション中に学生と音楽を共有する方法については、後述の「技術的なヒント」を参照してください。

API-202Z クラス 18
予測入門

クリック=><u>bit.ly/api202jams</u>
授業前のプレイリストに追加する

チャットに、**ハンドルネーム**を入力してください。

今の気分 + 直近に食器棚から取り出して食べたもの

(私の場合は 疲れ果てた ひまわりバター)

図11-1●授業開始前に雑談するスライドのサンプル

11-2
授業中のコミュニティ構築
のための実践

　実際の教室で授業中にコミュニティを作るために使われている実践のいくつかは、バーチャルな教室でも使うことができます。例えば、学生のことを知り、学生が授業にもたらすものと結び付けることで、学生はより深く学び、コミュニティを構築することができます。ブレイクアウトルーム（第6章「グループワーク」を参照してください）で学生同士が交流する機会を提供することも、学習とコミュニティ構築の両方を促す効果的な方法の一つです。授業の終わりにお決まりの儀式をおこなうこと（全員がミュートを解除して何かを言ったり、チャットに何かを書き込んだりするなど）も、コミュニティを作るのに役立ちます。また、正規の授業終了後に、滞在時間を延長して学生と非公式な会話をしたり、非公式のブレイクアウトルームを利用して学生同士が簡単に交流できる機会を提供したりすることも検討してください。以下の実践篇では、授業中にオンラインでコミュニティを構築するためのアイデアをいくつか紹介します。

実践篇11-3
学生に表示名を変更してもらい、
ブレイクアウトルームを利用する

アンナ・シャンレイ（Anna Shanley）、マディ・マイスター（Maddie Meister）、ジェームズ・ブロックマン（James Brockman）の3人は、ハーバード・ケネディスクールでエグゼクティブ教育に携わっていますが、そこには世界中から人々が集まってきます。彼らが関わっているオンラインプログラムでは、授業開始前に参加者にZoomの自分の名前を変更してもらいます（方法については、第10章の「技術的なヒント」を参照してください）。「氏名＋場所＋所属＋肩書」（例えば、「アンナ・シャンレイ、マサチューセッツ州ケンブリッジ、HKS、プログラムディレクター」）のように表記します。これによって、参加者と講師が画面上でお互いの情報を確認することができますし、ほかの方法よりも早くお互いを知ることができます。講師が授業の冒頭や授業の最中にこの情報を利用することもできます（例えば、「メアリー、アリゾナを熱波が襲っていると聞きましたが、あなたのところはどうですか?」「サラ、金融関係のお仕事なのですね? このファイナンシャル・プロポーザルを提示されたらどのように対応しますか?」）。

また、彼らはプログラムのなかでブレイクアウトルームを非常に効果的に使用しています。ブレイクアウトルームには、ランダムなものもあれば意図的なものもあります。前者は参加者が知り合ってネットワークを作り、後者はお互いのことをより深く理解しクラスメイトとの共同作業を可能にします。ブレイクルームを自動で割り当てる機能を使用する場合、一般的には、ブレイクルームに入ったら自己紹介をして、アイスブレイクの質問に答えるように参加者に指示します。図11-2を参照してください。ブレイクアウトルームで学生が何を成し遂げたかを実感してもらうために、あるプログラムの終了時に参加したある参加者の「オンラインキャンパスで一つのコースに参加したことがありますが、対面でおこなうよりもブレイクアウトルームでおこなうほうがクラスメイトとの絆が深まると気づきました。ブレイクルームでのディスカッションは大変有益で、このような場を共有しなければなしえなかっただろう相手とつながりをもてたのです」という発言を紹介します。

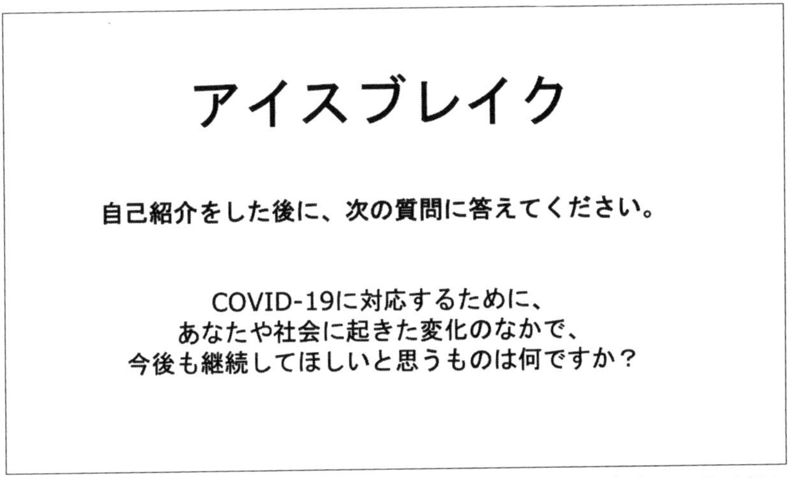

アイスブレイク

自己紹介をした後に、次の質問に答えてください。

COVID-19に対応するために、
あなたや社会に起きた変化のなかで、
今後も継続してほしいと思うものは何ですか？

図11-2●ブレイクアウトルームに送る前に学生に指示する内容のスライドの
サンプル

実践篇11-4

コミュニティを構築するための
授業冒頭の歓迎のルーチン

　レオノール・ダレイ（Leonor Daley）は、マサチューセッツ州のウェイ
ランド中学校で英語を教えています。彼女はいつも、その日の新しい曲
で授業を始めます。生徒がZoomミーティングに入ってくると、曲が流
れている間に、出欠をとり、投票を起動します。彼女は「生徒たちは音
楽を聴きながら投票して授業を開始するのですが、そのおかげで短いな
がらも楽しいおしゃべりが始まります」と言います。彼女が提示する投
票の内容は、（英語を教えているため）時事問題や文学に関連しています
が、いつも遊び心がある軽いものにしようとしています。

実践篇11-5
点呼の際に対話しながらコミュニティを作る

　キャシー・ファム（Kathy Pham）は、ハーバード・ケネディスクール
で「製品管理と社会（Product Management and Society)」のコースを教えて
いて、クラスでコミュニティを作るために様々なツールを使っていま
す。毎回の授業の最初に、名前、代名詞、場所、一つの質問に対する答
えをGoogleドキュメントに書くように学生に指示しています。質問
は、授業教材に関するものでも（以下の例を参照してください）、より社会
的なもの（例えば、好きなアーティストの名前や、子どものころに好きだった食べ
物など）でもいいのです。その授業の教材に関する質問であれば、回答
してくれた学生の何人かを授業中に指名することもできます。彼女はと
きどき点呼をとることで授業を始め、学生にはGoogleドキュメントに
書いたことを答えてもらうこともあります。この実践について、彼女は
「私はみんなに見てもらっていると感じてほしかったのです。人の名前
を呼んでそれに答えるのを聞くのは気分がいいものです」と述べていま
す。キャシーのクラスの学生の一人であるベアトリス・ヴァスコンチェ
ロ（Beatriz Vasconcellos）は、このような対話型の口頭点呼は「学生が授
業の最初から参加し、コミュニティを築くのに役立ちました」とコメン
トしています。以下は、キャシーのクラスでの点呼の例です。

2020年4月15日水曜日

Googleドキュメントに自分で追記してください。

（下記のプロダクト・パートナーシップについて議論するために、何人かを指名します。）

名前｜代名詞｜現在地｜プロダクト・パートナーシップに面白い名前を
付けてください（製品をよりいいものにするために組み合わせたい2つの製品、
チーム、企業など）。

エバン・コリンズ｜彼ら／彼らの｜マサチューセッツ州ゾマービル｜スターバックス＋Spotify

スカーレット・ロマン｜彼女／彼女の／彼女のもの｜マサチューセッツ州オールストン｜Most stores＋Apple Pay

キモラ・クリスチャンセン｜カリフォルニア州ロサンゼルス｜CVSとTarget

カーラ・ハミルトン｜彼女／彼女の｜マサチューセッツ州ケンブリッジ｜ポケモン＋Niantic

…

ハンナ・チャン｜彼女／彼女の｜台湾台北｜EVA航空＋ハロー・キティ

ニコデモ・ブランコ｜彼／彼の｜フロリダ｜Apple ＋ Google COVID

ケイトリン・ハンセン｜彼女／彼女の｜コロラド州レイクウッド｜カバーガール＋ルーカスフィルム

クローディア・コチュラ ン｜マサチューセッツ州ケンブリッジ｜サムソンと Google

クロエ・フロスト｜彼女／彼女の｜マサチューセッツ州ケンブリッジ｜Spotify と Hulu

パスカル・カラスコ｜マサチューセッツ州ケンブリッジ｜Lyft＋Capital One

図11-3●対話型の点呼をおこなうための Google ドキュメントの使用（キャシー・ファム）
注：個人情報保護のため学生の名前は仮名です。

実践篇11-6
コミュニティを築くために、授業中に小さなジェスチャーを一つずつおこなう

　アリソン・シャピラ（Allison Shapira）はハーバード・ケネディスクールでコミュニケーションのコースを教えていて、クラス内にコミュニティを築くために小さなことを数多くおこなっています。彼女はその取り組みを次のように説明しています。「ハーバード大学のオンラインコースで教える準備をしているなかでわかったのは、オンラインコースから

学生が脱落する最大の理由の一つは孤独感と孤立感だということです。そこで、私は毎回授業の最初に、学生にチャットで挨拶してもらったり、自分の国や都市の天気（または雰囲気）を教えてもらったりします。それで私は、ある学生をコールドコール（予告なく学生を指名すること）して、ミュートをはずして返答してもらったりします。私はまた、学生を笑顔にさせるよう、彼らの母語での挨拶を学びます。学生に集中させるために、私は授業中は立ち上がってカメラを目線の高さに合わせ、レンズを通して熱意が学生に伝わるようにしています。うまくいかないときはその場で笑うし、うまくいかないときは笑っていいんだよと学生に教えています。学生たちの反応を見るために「ギャラリービュー」を使用しています。ある学生の子どもが画面のなかをうろちょろするのに気づいたら、授業を止めて「スティーブ、その子はあなたのお嬢さん？　なんてかわいいんでしょう！」と言います。そうすることで、その学生は自分が見られていると思い、ほかの学生は、私が彼らに注意を払っていると感じることができます」

11-3
授業外でのコミュニティ構築のための実践

　コミュニティ作りの大部分は、教師が介入しない授業外でおこなわれます。学生はWhatsAppやSlackのグループを作り、互いに交流することができます。学生たちは、パーティーや夕食会、一緒に外出したり、そのほかのイベントを（バーチャルでも対面でも）企画するかもしれません。また、学校や教育機関側が学生向けにオリエンテーションやゲスト講師、ワークショップなどのイベントを企画することもあるでしょう。このようにコミュニティ作りの努力が払われているからといって、教師が授業外でコミュニティを築くことを考える必要がないというわけではありませんが、これらの取り組みについて知っておくことで注力すべき点が明確になるかもしれません。例えば、学部で主催するイベントで学生がすでに自己紹介をしていた場合に、授業の一部を学生同士の自己紹介に充てることに意味はありません。別の例として、私はクラスの学生のためにSpotifyのプレイリストを作成したのですが、あとになって、彼らが仲間作りのオリエンテーション活動の一環として

すでにプレイリストを作成していたことを知りました（だから私はすぐに自分のリストを放棄し、彼らのものを採用しました）。以下は、コミュニティを構築するために授業外でおこなうことができる活動の一例です。

実践篇11-7
授業外でのコミュニティ作り

ダナ・ボーン（Dana Born）、ホーレス・リング（Horace Ling）、ケイシャ・メイヤーズ（Keisha Mayers）、スーザン・ツアーズ（Susan Tuers）、シンディ・ウォン（Cindy Wong）らは先日、ハーバード・ケネディスクールで4週間のオンラインエグゼクティブ教育プログラムを指導しました。このプログラムは非常に内容が濃いもので、彼らはコミュニティを構築するために多くの創造的な活動をしました。ホーレスは「教育のためのオンライン空間の最大の課題の一つは、コミュニティやネットワークを作ることの難しさです。参加希望者に話を聞くと、多くの人が共通して心配しているのは、教師やクラスメイトとの間に対面式プログラムと同レベルのつながりを築くことができないのではないかということです」と報告しています。

彼らは複数の活動をして、それぞれ異なる参加者を集めてコミュニティを構築することに成功しました。それらの活動には以下のものが含まれます。

- オンライン5キロマラソン──参加者は、ときおり休憩をとって自分がいる場所の景色を共有しながら走りました。走らなかった参加者の多くも、運動の様子を楽しく観戦しました。ワシントンDC、ワシントン州シアトル、カナダ・オタワ、マサチューセッツ州レキシントン、マサチューセッツ州プロビンスタウンから参加がありました。
- オンライン特技ショー──参加者は自発的に、歌ったり、ヨガをしたり、ジョークを言ったり、そのほかの才能を披露しました。
- オンライン・メンター制度──参加者が互いにメンターになりました。
- ライブの料理ショー／同窓会──参加者はハーバード大学フー

ドサービス部ディレクターのガイダンスに従いながら料理を作りました。その後、招待された同窓生と一緒にランチを食べました。

- 親しい者のグループ（参加者が主催）——共通の関心をもっている参加者同士で様々な話題を共有しました。
- 教師とのランチチャット——ランチタイムに教師が参加者と懇談しました。

　上記のリストは、そのまま使えないかもしれませんが、あなたのコースでコミュニティを構築するための活動のアイデアのヒントになることを願っています。

実践篇11-8
Slackを使った授業外でのコミュニティ作り

　テディ・スヴォロノス（Teddy Svoronos）はハーバード・ケネディスクールの講師で、彼のクラスの学生のためにSlackグループを作成しました。教師が一般的に採用している従来の方法（電子メール、LMS〔学習管理システム〕での告知、掲示板など）よりも迅速かつ滑らかに、学生と教師、そして学生同士がコミュニケーションをとることができるようになるだけではなく、クラスのなかでコミュニティを構築するのに役立っています。彼は「もっとつながりたいけど、ビデオ画面に向かう時間は減らしたいとき、Slackを使えば葛藤を減らせます。少ない労力で質問したり回答したり、記事やアイデアを共有したり、お互いを知ることができます」と言います。彼は、学生たちがコースの内容や進め方について質問できるチャネル（#askforhelp）を開設しました。別のチャネル（#inclass）では、ティーチングアシスタント（TA）が監視してくれているので、授業中でも学生が質問したりコメントしたりすることができます。そして、授業中だけでなく授業外でも素早くコミュニケーションをとるために、ティーチングチーム用にもう一つプライベートチャネルを用意しています。図11-4を参照してください。Slackの利用に関して、彼は「対面授業に戻っても、学生とのコミュニケーションの「ハブ」として

Slackを使い続けます」と言っています。

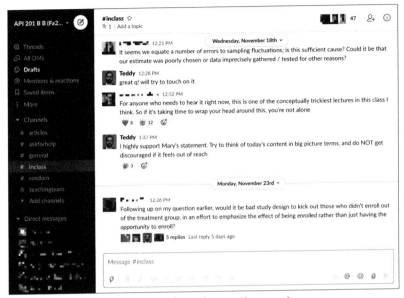

図11-4●クラスのSlackグループ（テディ・スヴォロノス）

実践篇11-9
ZoomとInstagramを使った授業外での
コミュニティ作り

　キャン・エルビル（Can Erbil）はボストンカレッジの実務家教授（Professor of the Practice）であり、経済学入門のコースでコミュニティを作るために数多くのことをしています。彼のコースには世界中から250人以上の学生が登録しているため、彼はオンライン学習環境を学生が非同期で学習できるように設計しています。そのため学生たちは、自分の時間に合わせて学習し、学習教材に取り組む方法（スライドを読む、ナレーション付きの動画を見る、教科書を読むなど）も数あるなかから選択することができます。このような非同期学習環境に加えて、彼は学生たちと交流を深めるための方法にもいくつかの選択肢を用意しています。それは、毎週

30分のZoomセッション（ここでは、彼と学生たちが互いに顔を見ながら、現在の経済事情を共有したり、簡単な質疑応答、さらにはお楽しみの時間をもつこともできます）やInstagramのライブセッション（これだと、彼が歩いているときでも、学生たちは質問をすることができます！）などです。彼は学生の保護者を対象にした経済学Zoomイベントまで開催し、好評を博しました。このような活動を通じて、彼は自分が学生たちの学びと強い学習コミュニティを構築するために、深く関与する姿勢を見せています。彼の教え子の一人であるマヤ・ショーネシー（Maya Shaughnessy）は最近「私は経済学主専攻ではありませんが、このコースがとてもすばらしいと思っています。このことが何より、コースと担当講師について多くを物語っているでしょう！」とコメントしています。

　本章の締めくくりは、私の同僚のマーシャル・ガンツ（Marshall Ganz）と彼のティーチングチームが採用しているコミュニティを構築するためのアプローチと多くの実践について説明します。マーシャルが彼のオンラインクラスで達成したような卓越した学習コミュニティ感を実現することは誰にでもできることではないかもしれませんが、私たちはみんな彼の実践から学び、自分でもいくつか実践してみることができると思います。

実践篇11-10
オンラインでのコミュニティ構築──熟練者の例

　マーシャル・ガンツ（Marshall Ganz）は、ハーバード・ケネディスクールでリーダーシップ、オーガナイジング、パブリック・ナラティブ（Public Narrative）のコースを教えています。彼は何千人もの学生をオンラインで教えることに成功していて、マーシャルのように講師が意図をもって注意深く運営すればオンラインでどれほどのことが達成できるかを示す究極の例になっています。彼が最も得意とする実践の一つは、コミュニティの構築です。彼は「人間関係を確立しさえすれば、実際の教室のなかで可能なことはどんなことであれオンラインでもできます」と主張しています。彼がコミュニティを構築することにどれくらい成功しているかよくわかるのが、オンライン学習プログラム（通常は週に2回、

数週間にわたって開催される）を通して一緒に学習してきたグループで最終日におこなう学習についての簡単なプレゼンテーションです。実際の教室ではめったに見られないような笑い、喜び、涙、そして感情的なつながりがあります。思い出してほしいのですが、これはオンラインコースであり、これらの学生のほとんどは対面では顔を合わせたことがないのです！

　マーシャルはよく、彼のパブリック・ナラティブのオンラインコースを受講したノルウェーの留学生の話をします。コース終了後しばらくして、彼女はケネディスクールを訪れ、マーシャルに同じテーマの対面授業を受けさせてほしいと頼みました。授業の終わりに、マーシャルは彼女にその授業についてどう思うかと尋ねました。彼女は「オンラインのほうが親密な関係になれると思います」と答えました。この答えにマーシャルは驚いて、その理由を尋ねました。彼女は「教室に座っているときはみんなの後頭部を見ていますが、オンラインではみんなの顔が見えます。みんなの涙も笑いも見られるし、自分がたしかにここに所属していると実感します」と語りました。マーシャルはこの出会いを振り返りながら「私たちの顔は、私たちのなかにある感情という言語を雄弁に語ってくれます。これには本当に心を打たれました。いままでそのようなことを考えたことがなかったからです。しかし、それは真実なのです」と言いました。

　マーシャルが自分のコースでコミュニティのこの感覚を構築するためにおこなっていることをすべて説明するのは本書の範囲を超えていますが、私が重要だと感じた実践のいくつかを以下に示します。

• 強いコミュニティのルールを確立しています。図11-5を見てください。
• 最初に「完璧なものなどありません。私たちはみんな学ぶためにここにいます。私たちは学びのパートナーです」ということを認識させ、これに基づいて毎回の授業後に学生に素早くフィードバックを求めることにしています。
• 学生は、固定グループに分かれていくつかの活動をして、そのほかの活動はランダムグループでおこないます。固定グループはコミュニティの構築に、ランダムグループはネットワークの構築に役立ちます。
• グループは、自分たち独自のルールを設定するように求められ、グ

ループ名とグループの合言葉を考えます。これらは、グループメンバーの仲間としての符号になります。

- ティーチングチームのメンバーはそれぞれ、約20人の学生からなるグループを担当します。メンバーは一人ひとりの学生と1対1で面談し、ディスカッションのファシリテーションをおこない、学生をコーチングし、彼らの課題を評価します。また、コース全体で同じ課題を出し、学習を指導し、モチベーションを維持し、学生同士に仲間の意識が芽生えるようにします。
- すべての学生が様々な形で参加できるように、目的をもって高度に構造化されたファシリテーションをおこないます。
- 全員にミュートを解除してもらい、拍手をして授業を終了します。

　マーシャルは、自分が達成した経験を広くシェアすることに対して非常に寛大です。関連サイトには、オンライン教育の実践についてのビデオプレゼンテーションなど、いくつかの情報源へのリンクがあります。

コミュニティルールの例

- ❑ 明確なルールの提示とルールの修正
- ❑ 成長マインドで臨む
- ❑ 時間厳守、授業の5分前にはオンラインの技術チェックする
- ❑ ステップアップし、振り返る
- ❑ 参加方法：物理的に挙手するか、リアクションの挙手マークをクリックする
- ❑ ビデオをオンにして、互いの顔が見えるようにする

図11-5 ●コミュニティルールのまとめに関するスライド（マーシャル・ガンツ）

技術的なヒント

- Zoomで学生に向けて音楽を再生するには、2つの方法があります。1つは、ほかに何も共有せずに音楽だけを再生します。もう1つは、ほかの何か（例えば、スライド）を共有している間に音楽も共有します。
- 方法1：音楽だけを共有する（図11-6）。
  - Zoomのメインツールバーの［画面の共有］をクリックします。
  - ［詳細］をクリックします。
  - ［コンピューターオーディオ］をクリックします。
  - ［画面の共有］をクリックします。

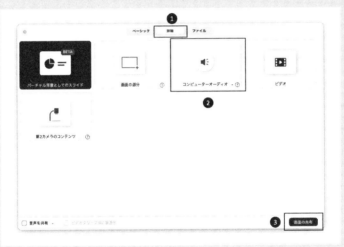

図11-6●Zoomで音楽を学生と共有する（ほかに共有するものなし）

- 方法2：音楽とほかの何か（例えば、スライド）を共有する（図11-7）。
  - Zoomのメインツールバーの［画面の共有］をクリックします。
  - 共有したいほかのもの（例えば、PowerPoint、Keynoteなど）をクリックします。
  - ［音声を共有］を選択します。
  - ［画面の共有］をクリックします。

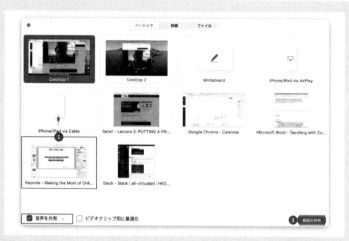

図11-7 ● Zoomで音楽とともにほかの素材を学生と共有する

 第11章のまとめ

・オンライン学習を成功させるためには、コミュニティを構築することが重要です。
・オンラインでコミュニティを構築するためには、対面のときよりもずっと慎重にならなければなりません。
・コミュニティを構築するためには以下のことが必要です。
  ○学生が教師と関わる機会を育みましょう。
  ○学生同士の関わり合いの場を醸成しましょう。
  ○学習コミュニティの共同構築に学生を関与させましょう。
・コミュニティを作るために何ができるかを考えてみましょう。
  ○授業前
  ○授業中
  ○授業外
・コミュニティを構築するうえで最も重要なのは、人と人とのつながりを育むことです。教師がやろうとしている特定の活動よりも、これらを心底やりたいという気持ちが大切です。

第**12**章
次のステップ

最終章では、学んだことをまとめるのに役立つアドバイスや、次のステップを整理するためのアイデアを提供します。以下では、あなたが本書から得てほしい重要な教訓を紹介します。それらを確認する前に、いますぐ5分かけて、本書から学んだ重要なアイデアを書き留めておくことを勧めます。本書を読みながらメモをとっていたならば、最近思いついたアイデアを書き加えるチャンスかもしれません。こうすることによって、以下のリストにすぐに目を通すよりも深く学ぶことができ、アイデアを実行に移せる可能性が高まります。

 「第1部 キーアイデア」のまとめ

- 実際の教室からバーチャルな教室へ移行すると、失うものがあります。この喪失を認めることが重要です。
- オンラインで教えることは、実際の教室で教えるのと同じように、学生の学びこそがすべてです。Zoomを含むテクノロジーは、あなたの目標を達成するための手段にすぎないのです。
- あなたの教育実践の根底にはどのような教育上の原則があるのかを考え、それらの原則をライブのオンライン授業を設計し教えることに対してどのように適用するのがベストなのかを考えてみましょう。
- 本書で勧めている実践とアドバイスの根底にある重要な教育上の原則は次のとおりです。
    - ①学生中心であること
    - ②アクティブ・ラーニングの計画を立てること
    - ③終わりを念頭に置いて始めること

④オンライン教育を比較優位に基づいて活用すること
⑤教師は生まれつきの才能ではなく、努力してなるもの

📖 「第Ⅱ部 学生の関わり方」のまとめ

- オンライン教室では、実際の教室よりも学生を授業に引き込むたくさんの方法があります。この事実を活かして目標の達成に役立ててください。
- 学生の関与を促す主な方法（カッコ内は、主なZoomの機能）
  - 話す（挙手）
  - 投票する（投票）
  - 書く（チャット）
  - グループワーク（ブレイクアウトルーム）
  - 共有する（画面共有）
- バーチャルな教室では、実際の教室よりも会話が長くなる傾向があります。このことを考慮に入れて授業を計画しましょう。
- 投票は、学生を授業に引き込み、彼らの理解度や状況を評価し、より柔軟な方法で教えるために非常に有用なツールになります。
- チャットは、学生の心のなかにあるものを知るための非常に迅速かつ効率的な方法ですが、もしチャットを使用する場合、その使用に関するルールを確立し学生に伝えることで、その恩恵を得ることができます。
- オンラインライブ授業では、学生が小グループで作業することに多くの利点があります。グループワークを効果的におこなうためには、学生に達成させたい課題（質問に答える、成果物を作成するなど）と学生の持ち時間を明確にしておくことが重要です。
- 学生に成果物を作る課題を与えるときには必ず、ライブ授業のセッションで何人かに発表してもらうことの潜在的な利点と、それを最も効果的におこなえる方法について考えてみましょう。

「第III部 教師の関わり方」のまとめ

- Zoomを使用して、スライド、動画、インターネットブラウザ経由のウェブサイト、そしてコンピューター上のあらゆるものを表示することができます。
- 学生が主体的に学習に取り組むことなく、長時間スライドを提示することは効果的ではないことを覚えておいてください。授業中は数分ごとに相互にやりとりするよう計画しましょう。
- スライドを共有した瞬間、学生の画面と関心の大部分をスライドが占めてしまうことに注意してください。スライドの共有は慎重におこない、必要がない時間は共有しないことを検討してください。
- プレゼンテーションをするときは、スライドよりも学生に目を向けるようにしましょう。モニターが2台あると、より簡単にこの目標を達成できます。
- 自分の考えを説明したり学生のコメントを記録したりするために注釈を付けることで、授業をよりダイナミックに、魅力的に、効果的にすることができます。
- アノテーションにどのツールを使用するかを決める際には、手書きで注釈を付けるのか、タイピングで注釈を付けるのかを決めるといいでしょう。
- 自分に合ったツールを決めるために事前にテストをおこない、友達や同僚と一緒にテストをして調整してから教室で使うようにしましょう。

 ## 「第IV部 すべてを統合する」のまとめ

- ライブのオンライン授業は、オンライン学習のより大きなエコシステムの一部にすぎません。
- 学生に課す作業を、2つに分類して考えてみましょう。
  - ①同期：ライブ授業（Zoom）に教師と学生がともに参加します。

②非同期：学生は自分の時間（ライブ授業の前後）に教材に取り組みます。

・大きなオンライン学習エコシステムでは、重要な決定事項が2つあります。

①授業内容を同期と非同期に分けるにはどうすればいいか。

②よりいい同期セッションをおこなうためには、非同期学習をどのように活用すればいいか。

・コミュニティの構築は一般的に重要ですが、オンライン教育ではさらに重要です。

・オンラインでコミュニティを構築するには、対面のときよりもずっと慎重にならなければなりません。

・コミュニティを作るために、授業前、授業中、授業外に何ができるかを考えてみましょう。

12-1
次のステップ

　この時点までに、授業で試してみたいと思うアイデアがいくつか出てきたことを願っています。どのような行動をとるのがいちばんいいかをあなたは理解しているでしょうが、あなたの意思決定を助けるために、本節ではあなたが旅のどこにいるかに応じて次のステップを勧めます。

　　1．オンラインコースの開始前
　　2．オンラインコースの実施中
　　3．オンラインコースの終了後

　あなたのシナリオに応じて次のステップを読み、ほかのシナリオは読み飛ばしたり流し読みしたりするといいでしょう。

1．オンラインコースの開始前

　もし、オンラインコースを教える準備をしているのであれば、準備に向けて私が勧めるのは次のとおりです。

- 練習してください
  - Zoomを使って、まず1人で練習しましょう。
  - 友人や同僚のグループとともに、最初の授業の予行練習を何度かおこない、フィードバックをもらってください。これによって、多くの改善のチャンスを見つけることができるでしょう。表12-1の例を参照してください。
  - 練習内容やセットアップを微調整しましょう。

表12-1 ●予行演習で発見する可能性がある問題のリストのサンプルとその対処法

受け取ったフィードバック	それに対処する方法
顔がよく見えません。	・部屋の照明を変えてみましょう（ライトを追加するなど）。 ・よりいいカメラを手に入れるか、スマートフォンをカメラに使うことを検討してみてください。
目線が合いません。	・カメラを見やすくするために、机の配置などを調整してみましょう。 ・Zoomウィンドウの配置を調整して、カメラを覗き込みやすくします。 ・（もし、カメラを動かすことが可能ならば）カメラの設置を変更します。
数分間、手を挙げていた（挙手ボタンを押していた）ことに、気づいてもらえませんでした。	・参加者リストがいつでも見えるようにしてください。2台目のモニターがあれば、そのほうが楽です。 ・参加者リストを見るようにトレーニングしましょう。
ブレイクアウトルーム（でおこなうこと）の指示が、わかりにくかったです。	・何がわかりにくかったか、調べてみましょう。 ・わかりにくかったことに対処するには、指示内容を記載したスライドを作成してください。
冒頭から、あなたか疲れているように見えました。	・誰よりも前にログインして、事前に機材をテストし、予定していることを試しておき、学生が参加したらすぐに始められるようにする手順を検討してください。 ・可能であれば、技術面で誰かに手伝ってもらうようにしてください（例えば、チャットを監視するなど）。
ブレイクアウトルームが急に終了しました。	・Zoomの設定を調整して、ブレイクアウトルームが終了する1分前に通知が表示されるようにします。
元気がなかったですね。	・あなたのエネルギーを投影する機会を増やすために、セットアップを変更することを考えてください。一般的には、座っているよりも立っているほうが好ましいとされています。
黒板に何を書いているのか、見えませんでした。	・黒板をカメラに近づけることを検討してください。 ・よりいいチョークやマーカーを入手することを検討してください。 ・注釈を付けるためにほかの技術（Zoomのホワイトボード、タブレットなど）を使用することを検討してください。

- 学生のためにルールを作りましょう
  - 学生がどのようにオンライン授業に参加するかのルールを考えます。表12-2とスライドのサンプルを参照してください。スライドは、関連サイトにも掲載されています。
  - チャットの使用を考えている場合は、使い方についてのルールを決め

てください。

○ もし最初にルールが守られなかった場合に、どう対応するかを決めて
ください。

表12-2 ● Zoom関連のルール

場面	私のルール (*)
授業での話し方	・話したいことを示すには［手を挙げる］を使いましょう。 ・話し終わったあとや話したくなくなったときには、［手を降ろす］を使いましょう。 ・話す前には［ミュート解除］し、話し終えたあとは自分で［ミュート］してください。
チャットの利用	・技術支援が必要なときには、担当者に対してプライベートチャットで連絡してください。 ・授業での議論に直接関連するコメントや質問をする場合にだけ、公開チャットを使ってください。 ・授業中にはいろいろな場面で話をやめて、チャットを確認します。
音声（マイク）の利用	・［ミュート］をデフォルトとして使用してください。 ・話したいときは、自分で［ミュート解除］してください。 ・可能であれば、ヘッドセットを使用して音質を向上させてください。
ビデオ映像の利用	・理由がない場合は、参加者や教師に見えるようにビデオをオンにしておいてください。
録画	・参加者と自分のためにZoomミーティングを録画しますが、ほかの誰かと共有することはありません。 ・ライブセッションに参加できない場合は、録画を見てディスカッションの質問に答えてください。
開始時刻	・授業の開始時刻の10分前に「ライブ授業」のミーティングを開始します。
終了時刻	・時間どおりに授業を終わらせます。 ・非公式なフォローアップ・ディスカッションをしたい人、または単に少しだけおしゃべりをしたい人のために、15分ほど余分にZoomミーティングに滞在します。これは完全に任意です。

（＊）これらは、あなたにとっての正しいルールが何かを示すものではなく、むしろ、あなたがZoomに関するルールを決めて、学生に伝える際に明示したいことを具体的に示すためのものです。

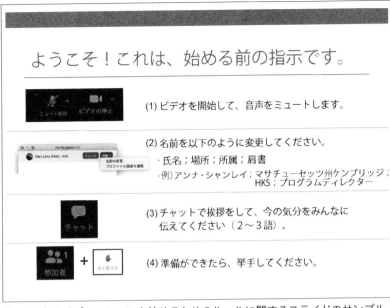

図12-1●ライブセッションを始めるためのルールに関するスライドのサンプル

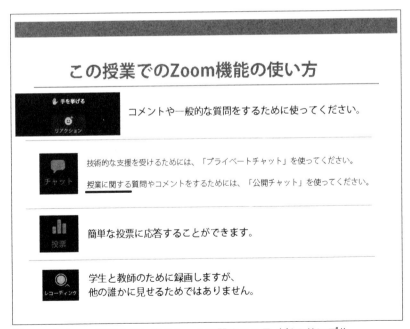

図12-2●Zoom機能の使い方のルールに関するスライドのサンプル

- 可能であれば、助けを求めましょう。
  - Zoom を使って教えているときには、すべきことがたくさんあります。ライブセッション中に誰か（理想的にはティーチングアシスタント〔TA〕ですが、同僚や学生であってもかまいません）に手伝ってもらうことができれば、全体のプロセスをより管理しやすくなります。
  - 補助者の役割はいくつか考えられます。
    - 技術的な問題を抱えている学生を支援する
    - ブレイクアウトルームの運営をする
    - チャットを監視する
    - 気づかない問題（ミュートになっている、スライドが投影されていないなど）への注意喚起をする
    - 投票を起動する

２．オンラインコースの実施中

　もし、オンラインコースを教えている最中に本書を読んでいるのであれば、次のステップに向けて私が勧めるのは次のとおりです。

- 同僚にあなたの教え方を観察してもらい、フィードバックを求めてください。以下のフィードバックの例を見て、観察者として、また観察される側として、どのようなことを学ぶことができるのかを実感してください。
- 同僚が教えているところを観察しましょう。彼らから学び、必要であればフィードバックを伝えましょう。
- 状況がどうなっているのかについて、学生からのフィードバックを集めます。匿名の投票機能やアンケート機能を使うことができます。
- 学生が何を学んでいるのか、エビデンスを集めましょう。
- 集めたフィードバックやエビデンスに基づいて調整をします。
- Zoom関連とそのほかのルールを調整する必要があるかどうかを評価してみましょう。
- 毎回の授業のあとに、うまくいったこと、改善したほうがいいことなどを書いてみましょう。これは、次回の授業をよりいいものにするための助けになるでしょう。

件名：フィードバック

親愛なるジェーンへ

　このたびは、あなたの授業を見学する機会を与えていただき、誠にありがとうございました。ご要望にお応えして、以下のフィードバックがお役に立てば幸いです。ありがとうございました。よろしくお願いいたします。

ダン

======

強み

- 時間がとても生産的に使われた非常に整理された授業でした。一例を挙げると、チャットで学生に「授業は2分後に始まります」と伝えることは、誰もが開始する準備ができていることを確認するためのすばらしい方法です。
- 学生たちを温かく迎えていましたね。
- ロードマップの使い方がすばらしいです。どこに向かおうとしているのかを常に学生に伝えていたことと、その移り変わりを明確に示していました。これはオンラインでは特に重要だと思います。
- 参加している学生一人ひとりと話をしていましたね。あなたが学生を理解しようとし、探ろうとし、深く知ろうとしていたことは、学生たちが自分で言おうとしていることに対してよりいい準備をすることにつながると思います。
- はい／いいえ形式の簡単な投票を使用し、投票への回答に応じて学生を指名することができています。
- ブレイクアウトルームでのアイスブレイカーのアイデアが気に入りました。これは、学生がお互いを知らないコースで非常に効果的だと想像できます。

- あなたは学生のことをよく知っていて、それが現れています。インドからの留学生を歓迎したり、ジムに高等教育の経験を伝えてくれるように話したり、アンクルに「あなたはニューヨークにいますね」と声をかけたりしていましたね。
- 学生のコメントをつなげるのが上手です。
- あなたは学生を大切にしていて、それが現れています。

観察／提案／質問

- 大きなグループのディスカッションに学生を参加させるのは難しいことです。そして、あなたは挑戦していました！
- 投票のあと、あなたが正解している学生を指名する傾向があることに気づきました。これは効率性という点ではすばらしいことで、コールドコール（予告なく学生を指名すること）への恐れを感じないようにしてくれるのでしょうが、学生がどこで混乱しているのか、肝心の誤解が何なのかを知る機会が少なくなります。正解している学生に呼びかける前に、間違えている学生に呼びかけることを考えたことはあるでしょうか。
- なぜ、ほとんどの学生がビデオをオンにしていないのでしょうか？
- 学生に二者択一の決断を迫るような質問をいくつかしました。これらのいくつかを、人々が「はい／いいえ」で答えることができるような簡単な投票に変えて、それぞれの選択肢を選んだ学生に質問することができるのではないでしょうか。
- もっとビジュアルを使うといいと思いました。例えば、表1を見せるなどです。

3．オンラインコースの終了後

　もし、オンラインコースを教え終えた直後に本書を読んでいるのであれば、次のステップに向けて私が勧めるのは次のとおりです。

- 何がうまくいったか、何が改善できるかを振り返ってみてください。
- 次に向けて、計画を練ってみてください。

- 同僚が教える姿を観察してみてください。多くのことを学ぶことができます。
- 次は、Zoom関連のルールの調整を考えてみてください。
- 教える能力に大きな違いをもたらすため、予算に応じてテクノロジーやワークスペースの調整を考えてみましょう。

次のステップのためのチェックリスト

☐ たくさん練習してください！

☐ ルールを決め、微調整しましょう。これらのルールを学生に明確に伝え、実行してください。

☐ 同僚が教える姿を観察してください。

☐ 同僚にあなたの教え方を観察してもらい、フィードバックを求めてください。

☐ ライブセッションを教えるときに、目の前に置いておきたいものすべてを盛り込んだ「マスターチェックリスト」を作成しましょう。これは、授業中に机や壁に置いておくための「1ページにまとめた文書」と考えてください。例は、関連サイトを参照してください。

☐ 実験をして、そこから学びましょう。実験していることを学生に明示しましょう。学ぶためには実験が必要であることを忘れないでください。そして、実験してもうまくいかない場合があることに注意してください。

☐ 自分に優しくしてください。完璧なものはありません。

12-2
最後に

　本書を読んで、オンラインライブ授業の教え方を改善するためのアイデアがいくつか生まれたことを願っています。これこそが私の目標でした。ほかの人にも興味をもってもらえるようなアイデアを思いついたら、ぜひ関連サ

イトで共有してください。これらのアイデアを実践していくうちに、うまく
いくものもあれば、失敗するものもあるでしょう。新しいテクノロジーや教
育アプローチを試すときには、必ずこのようなことが起こります。実験から
学ぶことができるかぎり、大丈夫だと思います。そして、テクノロジーは学
習目標を達成するための手段にすぎないことを忘れないようにしましょう。
教育者としての私たちの使命は、学生が学び、育ち、成長するのを助けるこ
とです。なんと崇高な職業なのでしょう。最後までお読みいただき、ありが
とうございました。そして、あなたのオンライン授業の旅の成功を祈ってい
ます！

脚注

- Bruff, D. (2009). *Teaching with classroom response systems.* Jossey-Bass.
- Lang, J. M. (2016). *Small teaching: Everyday lessons from the science of learning.* Jossey-Bass.

［1］オンラインで教えるための一般的な参考文献

- Bates, A. T. (2019). *Teaching in a digital age: Guidelines for designing teaching and learning* (2nd ed.). https://pressbooks.bccampus.ca/teachinginadigitalagev2/ (『デジタル時代の教育――教育と学習をデザインするための指針』神谷健一監訳、2020年〔https://pressbooks.bccampus.ca/teachinginadigitalagejpn/〕)
- Boettcher, J. V., & Conrad, R. M. (2021). *The online teaching survival guide: Simple and practical pedagogical tips* (3rd ed.). Jossey-Bass.
- Caulfield, J. (2012). *How to design and teach a hybrid course: Achieving student-centered learning through blended classroom, online and experiential activities.* Stylus.
- Darby, F., & Lang, J. M. (2019). *Small teaching online: Applying learning science in online classes.* Jossey-Bass.
- Nilson, L. B., & Goodson, L.A. (2017). *Online teaching at its best: Merging instructional design with teaching and learning research.* Jossey-Bass.

［2］Bruff, D. (2019). *Intentional tech: Principles to guide the use of educational technology in college teaching.* West Virginia University Press.

［3］Anand, B. (2020, June 8). The coronavirus allows us to reimagine college experience, *The Boston Globe*, https://www.bostonglobe.com/2020/06/08/opinion/coronavirus-allows-us-reimagine-college-experience/

［4］アクティブ・ラーニングに関する参考文献

- Bransford, J. D., Brown, A. L., & Cocking, R. R. (2000). *How people learn: Brain, mind, experience, and school.* National Academy Press.（米国学術研究推進会議編著、ジョン・ブランスフォード／アン・ブラウン／ロドニー・クッキング『授業を変える――認知心理学のさらなる挑戦』森敏昭／秋田喜代美監訳、北大路書房、2002年）
- Deslauriers, L., McCarty, L. S., Miller, K., Callaghan, K., & Kestin, G. (2019). Measuring actual learning versus feeling of learning in response to being actively engaged in the classroom. *Proceedings of the National Academy of Sciences, 116*(39), 19251–19257. https://doi.org/10.1073/pnas.1821936116

221

- Freeman, S., Eddy, S. L., McDonough, M., Smith, M. K., Okoroafor, N., Jordt, H., & Wenderoth, M. P. (2014). Active learning increases student performance in science, engineering, and mathematics. *Proceedings of the National Academy of Sciences, 111*(23), 8410–8415. https://doi.org/10.1073/pnas.1319030111
- Michael, J. (2006). Where's the evidence that active learning works? *Advances in Physiology Education, 30*(4), 159–167. https://doi.org/10.1152/advan.00053.2006
- Prince, M. (2004). Does active learning work? A review of the research. *Journal of Engineering Education, 93*(3), 223–231. https://doi.org/10.1002/j.2168-9830.2004.tb00809.x

［5］ Doyle, T. (2008). *Helping students learn in a learner-centered environment: A guide to facilitating learning in higher education.* Stylus.

［6］ Westervelt, E. (2016, April 14) *A Nobel laureate's education plea: Revolutionize teaching.* National Public Radio. https://www.npr.org/sections/ed/2016/04/14/465729968/a-nobel-laureates-plea-revolutionize-teaching

［7］ Wiggins, G., & McTighe, J. (2005). *Understanding by design* (Expanded 2nd ed.). Association for Supervision and Curriculum Development. (グラント・ウィギンズ／ジェイ・マクタイ『理解をもたらすカリキュラム設計――「逆向き設計」の理論と方法』西岡加名恵訳、日本標準、2012年)

［8］ Anand, B. (2020, June 8). The coronavirus allows us to reimagine college experience, *The Boston Globe*, https://www.bostonglobe.com/2020/06/08/opinion/coronavirus-allows-us-reimagine-college-experience/

［9］ What's that again? The linguistic psychology of "Zoom fatigue". (2020, May 16). *The Economist*, p.75.

［10］ 待ち時間のメリット
- Cain, S. (2013). *Quiet: The power of introverts in a world that can't stop talking.* Crown. (スーザン・ケイン『内向型人間の時代――社会を変える静かな人の力』古草秀子訳、講談社、2013年)
- Dolan, E., Collins, J. (2015). We must teach more effectively: here are four ways to get started. *Molecular Biology of the Cell, 26*(12), 2151–2155. https://doi.org/10.1091/mbc.e13-11-0675
- Reda, M. M. (2010, September 5). What's the problem with quiet students? Anyone? Anyone? *The Chronicle of Higher Education.* https://www.chronicle.com/article/Whats-the-Problem-With-Quiet/124258
- Rowe, M. B. (1974). Wait-time and rewards as instructional variables, their influence on language, logic, and fate control: Part one – wait-time. *Journal of*

Research in Science Teaching, 11(2), 81–94. https://doi.org/10.1002/tea.3660110202

- Ruhl, K. L., Hughes, C. A., & Schloss, P. J. (1987). Using the pause procedure to enhance lecture recall. *Teacher Education and Special Education, 10*(1), 14–18. https://doi.org/10.1177/088840648701000103
- Schwegman, J. (2013). *Engaging introverts in class discussion - Part 2.* Stanford Teaching Commons. https://teachingcommons.stanford.edu/teaching-talk/engaging-introverts-class-discussion-part-2
- Tobin, K. (1980). The effect of an extended teacher wait-time on science achievement. *Journal of Research in Science Teaching, 17*(5), 469–475. https://doi.org/10.1002/tea.3660170514

[11] Johnson, A. (2020). *Online teaching with Zoom: A guide for teaching and learning with videoconference platforms.* Author.

[12] 投票のメリット
- Davis, B. G. (2009). *Tools for teaching* (2nd ed.). Jossey-Bass.
- McKeachie, W., & Svinicki, M. (2013). *McKeachie's teaching tips: Strategies, research, and theory for college and university* (14th ed.). Wadsworth.
- Prince, M. (2004). Does active learning work? A review of the research. *Journal of Engineering Education, 93*(3), 223–231. https://doi.org/10.1002/j.2168-9830.2004.tb00809.x
- Crouch, C. H., Watkins, J., Fagen, A. P., & Mazur, E. (2007). Peer instruction: Engaging students one-on-one, all at once. In E. F. Redish & P. J. Cooney (Ed.), *Research-Based Reform of University Physics*, 1(1), http://www.per-central.org/document/ServeFile.cfm?ID=4990
- Mazur, E. (1997). *Peer instruction: A user's manual.* Prentice Hall.

[13] Levy, D., Yardley, J., & Zeckhauser, R. (2017). Getting an honest answer: Clickers in the classroom. *Journal of the Scholarship of Teaching and Learning, 17*(4), 104–125. https://doi.org/10.14434/josotl.v17i4.22068

[14] ほとんどの人がマルチタスクが苦手であることを示唆する参考文献
- Ophir, E., Nass, C., & Wagner, A. D. (2009). Cognitive control in media multitaskers. *Proceedings of the National Academy of Sciences, 106*(37), 15583–15587. https://doi.org/10.1073/pnas.0903620106
- Sana, F., Weston, T., & Cepeda, N. J. (2013). Laptop multitasking hinders classroom learning for both users and nearby peers. *Computers & Education, 62*, 24–31. https://doi.org/10.1016/j.compedu.2012.10.003
- Sanbonmatsu, D. M., Strayer, D. L., Medeiros-Ward, N., & Watson, J.M. (2013). Who multitasks and why? Multi-tasking ability, perceived multi-tasking ability,

脚注

impulsivity, and sensation seeking. *PLoS ONE, 8*(1), e54402. https://doi.
org/10.1371/journal.pone.0054402

- Ehrlinger, J., Johnson, K., Banner, M., Dunning, D., & Kruger, J. (2008). Why the
unskilled are unaware: Further explorations of (absent) self-insight among the
incompetent. *Organizational Behavior and Human Decision Processes, 105*(1),
98–121. https://doi.org/10.1016/j.obhdp.2007.05.002

[15] Shute, N. (2013, January 24). *If you think you're good at multitasking, you probably
aren't.* National Public Radio. https://www.npr.org/sections/health-
shots/2013/01/24/170160105/if-youthink-youre-good-at-multitasking-you-probably-
arent

[16] グループワークのポジティブな効果
- Johnson, D.W., Johnson, R. T, & Smith, K.A. (1991a). *Active learning:
Cooperation in the college classroom* (3rd ed.). Interaction Book Company.（D・
W・ジョンソン／R・T・ジョンソン／K・A・スミス『学生参加型の大学授業
――協同学習への実践ガイド』関田一彦監訳〔高等教育シリーズ〕、玉川大学出
版部、2001年）
- Johnson, D.W., Johnson, R. T, & Smith, K.A. (1991b). *Cooperative learning:
Increasing college faculty productivity.* School of Education and Human
Development, George Washington University.
- McLeod, P. L., Lobel, S. A., & Cox, T. H. (1996). Ethnic diversity and creativity
in small groups. *Small Group Research, 27*(2), 248–264. https://doi.
org/10.1177/1046496496272003
- Michaelson, L. K. & Black, R. H. (1994). Building learning teams: The key to
harnessing the power of small groups in higher education. In S. Kadel & J. A.
Keehner (Ed.), *Collaborative learning: A sourcebook for higher education*, Vol.2
(pp.65–81). National Center for Teaching, Learning and Assessment.
- Michaelson, L. K., Fink, L. D., & Knight, A. (1997). Designing effective group
activities: Lessons for classroom teaching and faculty development. In D. Dezure
(Ed.), *To Improve the Academy*, Vol.16 (pp.373–398). New Forums Press and the
Professional and Organizational Development Network in Higher Education.
- Oakley, B., Felder, R. M., Brent, R., & Elhajj, I. (2004). Turning student groups
into effective teams. *Journal of Student Centered Learning, 2*(1), 9–34.

[17] シンク・ペア・シェア（Think-Pair-Share）協働学習戦略
- Roediger III, H. L., & Karpicke, J. D. (2006). Test-enhanced learning: Taking
memory tests improves long-term retention. *Psychological Science, 17*(3), 249–255.
https://doi.org/10.1111/j.1467-9280.2006.01693.x
- Chick, N. (2015). *Metacognition: Thinking about one's thinking.* Vanderbilt
University Center for Teaching. https://cft.vanderbilt.edu/guides-sub-pages/

metacognition/
- Kaddoura, M. (2013). Think pair share: A teaching learning strategy to enhance students' critical thinking. *Educational Research Quarterly, 36*(4), 3–24.
- Bruffee, K. A. (1998). *Collaborative learning: Higher education, interdependence, and the authority of knowledge* (2nd ed.). Johns Hopkins University Press.
- Cabrera, A. F., Crissman, J. L., Bernal, E. M., Nora, A., Terenzini, P. T., & Pascarella, E. T. (2002). Collaborative learning: Its impact on college students' development and diversity. *Journal of College Student Development, 43*(1), 20–34.
- Davidson, N., & Major, C. H. (2014). Boundary crossing: Cooperative learning, collaborative learning, and problem-based learning. *Journal on Excellence in College Teaching, 25*(3&4), 7–55.
- Dees, R. L. (1991). The role of cooperative leaning in increasing problem-solving ability in a college remedial course. *Journal for Research in Mathematics Education, 22*(5), 409–421. https://doi.org/10.5951/jresematheduc.22.5.0409
- Gokhale, A. A. (1995). Collaborative learning enhances critical thinking. *Journal of Technology Education, 7*(1), 22–30. https://doi.org/10.21061/jte.v7i1.a.2

［18］学習を見える化することのメリット

- Hattie, J. (2015). The applicability of Visible Learning to higher education. *Scholarship of Teaching and Learning in Psychology, 1*(1), 79–91. https://doi.org/10.1037/stl0000021
- Hattie, J., & Yates, G. C. (2013). *Visible learning and the science of how we learn.* Routledge.（ジョン・ハッティ／グレゴリー・イエーツ『教育効果を可視化する学習科学』原田信之監訳、北大路書房、2020 年）
- Krechevsky, M., Mardell, B., Rivard, M., & Wilson, D. (2013). *Visible learners: Promoting reggio-inspired approaches in all schools.* Jossey-Bass.
- Ritchhart, R., Church, M., & Morrison, K. (2011). *Making thinking visible: How to promote engagement, understanding, and independence for all learners.* Jossey-Bass.（R・リチャート／M・チャーチ／K・モリソン『子どもの思考が見える21 のルーチン――アクティブな学びをつくる』黒上晴夫／小島亜華里訳、北大路書房、2015 年）

［19］
Doyle, T. (2008). *Helping students learn in a learner-centered environment: A guide to facilitating learning in higher education.* Stylus.

［20］オンライン学習におけるコミュニティ構築の重要性

- Garrison, D.R. (2016). *E-learning in the 21st century: A community of inquiry framework for research and practice* (3rd ed.). Routledge.
- Nilson, L. B., & Goodson, L. A. (2017). *Online teaching at its best: Merging instructional design with teaching and learning research.* Jossey-Bass.
- Boettcher, J. (2011). *Ten best practices for teaching online.* Designing for Learning.

http://designingforlearning.info/writing/ten-best-practices-for-teaching-online/

監訳者あとがき

　本書は、Dan Levy (2020) *Teaching Effectively with Zoom: A practical guide to engage your students and help them learn* (2nd edition) を翻訳したものです。原書は、経済学者であり効果的な教育法についても造詣が深いハーバード・ケネディスクールのダン・レヴィによる、Zoom を用いた効果的なオンライン教育法に関するガイドブックであり、とりわけライブセッションの実践に焦点を当てています。新型コロナウイルス感染症（COVID-19）の世界的な感染拡大によって、これまで機能してきたつながりが分断されたり関係性の構築ができなくなったりしてしまいました。こうしたなかで、オンラインで授業をする必要に迫られたり、オンラインでの教授法を改善したり、さらにはよりいい教育の方法を検討しようと考えている教師に向けて書かれたものです。

　人の密集を避けて社会的距離を保つよう推奨されるなか、2020年の春には、日本でもほとんどの大学がオンライン授業で学びを継続するチャレンジに取り組んできましたが、全国の小・中・高校では一斉休校の措置が取られ、学校によっては先生が資料を印刷して各家庭へ配布した例もありました。1人1台コンピューターがあることが当たり前の環境にいる人たちはオンライン授業にも比較的早期に対応できましたが、こうしたテクノロジーの恩恵を受けられなかった人たちは自粛期間中に学びを止められてしまったわけです。住んでいる地域や置かれている環境といった外生的な要因によって、もしかすると取り返しがつかないくらいの差を児童・生徒・学生たちに与えてしまったのかもしれません。新型コロナウイルスはまさに、デジタルの世界に住む人とフィジカルの世界に住む人との間にあった社会の分断をも浮き彫りにしたといえるでしょう。

　東洋大学でも、オンライン授業にどのように取り組んだらいいか、教職員による分権的な試行錯誤が繰り広げられてきました。なかでも有益だったのは、Webex Teams（現 Cisco Webex）のスペースでオンライン授業について考える教職員の有志が意見交換することによって、学部ごとに縦割りになりがちな大学組織に横串を通すことでした。オンライン授業に関する教職員間の情報共有とお互いの励まし合いによって、ファカルティ・メンバーはどれだけ救われたかしれません。そして、本書の翻訳のきっかけになったのは、この Webex のスペースで国際学部の久松佳彰教授から提案された原書初版の

読書会でした。

　読書会は、本書で紹介されている tips のなかから秋学期の自身の授業に取り入れたいと考えるものを順に発表して参加者全員で議論するという方法で、2020年9月に Zoom を使って開催されました。読書会の内容は非常に濃密で、1つひとつについて闊達な議論が交わされ、各自1つずつ紹介しただけで当初の予定時間を大幅に過ぎてしまいました。そこで、さらなる理解を深めながらも本書を多くの教育者に知ってもらうべく読書会の参加者に原書の翻訳を川瀬が提案したことから、この翻訳プロジェクトはスタートしました。ちなみにこの読書会は、私がこれまでに参加した FD（ファカルティ・ディベロップメント）活動のなかで最も有益だったと考えますので、読者のみなさまにも本書を用いて読書会を開催されることをお薦めしたいと思います。

　本書の特徴をひと言で表現するなら、学生が学びの中心に据えられていること、といえるでしょう。私たち教師は、授業でカバーする内容や講義スライドに記載する事柄に注意を向けがちですが、原書のサブタイトルにもあるとおり、本書は学生を engage することに力点を置いています。Zoom の利用手引やオンライン教授法についてはすでに多くの良書がありますし、ウェブ会議ツールの進化のスピードは速く、本を出版してもすぐに陳腐化してしまう可能性があります。それでも、翻訳に踏み切ったのは、本書が、確固とした教育的原理に基づいて学生を学びの中心に据えたうえで、それをオンラインで実践するためのガイドブックになっていて、類書が存在せず、テクノロジーに関する点を除けばすぐに無価値になることはないと考えたからです。

　原書を訳出するにあたっては、巻末リストにある担当者が各章を分担して翻訳し、日本語としての読みやすさの追求や用語の統一を図るため相互に活発な意見交換をおこなったうえで、最終的な表現や文章の調整を川瀬がおこないました。本書を1人でも多くの日本の教育関係者に手に取っていただけるよう、わかりやすい翻訳を心がけました。原書で使われている英語には、経済学や教育学の研究者としての著者の姿勢がうかがえるような表現が多く用いられていますが、一部では日本語として意味が通りやすい意訳を志向しています。ただし、専門の方にも違和感なく読んでいただけるよう、日本語訳が固まっている専門用語は可能なかぎりそのまま用いました。

　ただし、訳出上の以下の点にはご留意ください。

　①Zoom のバージョンは、原書は5.4.6をもとに執筆されていますが、

翻訳時には5.5.2にアップデートされていたため、本書では最新版を
もとに本文ならび図版を改訂しました。

②訳者が日本の読者の理解を助けるために必要と判断した情報について
は、訳注を付記しました。

③原書の単純な誤植については、監訳者の責任で修正しました。

④原書の脚注に挙げてある参考文献は、記載をAPAスタイルで統一し
たうえで、改訂版があるものについて可能なかぎりアップデートし、
日本語訳があるものについては訳書を記載しました。

　こうした作業の結果、本書が全体として読みやすい日本語訳になっている
ことを監訳者としては願っています。ただし、原書ではアメリカの事例が多
く取り上げられていることもあり、それらをすべて読みやすい日本語に置き
換えることに完全には成功していないかもしれません。また、最善を尽くし
たつもりですが、思わぬ誤訳や不適切な表現が残っているかもしれません。
本書に残された責任はひとえに監訳者にありますので、ぜひとも読者のみな
さまからご指摘を寄せていただければ幸いです。

　ダン・レヴィ教授は、翻訳を希望する旨のメールを送信して以来、たえず
激励の言葉を送り続けてくれました。また、原書の不明箇所や誤植などにつ
いてメールで照会しましたが、速やかに回答を得られたことはスムーズな訳
出に非常に有益でした。さらには、オリジナルの図版を快く提供してくれ、
日本の読者のために「日本語版への序文」も寄稿してくれました。日本語訳
の刊行に向けて惜しみない協力を提供してくれたダンに、心から感謝を申し
上げます。

　原書は著者が1カ月で執筆したとありますが、翻訳は、実際に作業を始め
てみるとその3倍から4倍もの時間を要するものになりました。その理由
は、著者の執筆期間は1カ月だったとしても、それまでの著者の蓄積は圧倒
されるほど膨大で、訳者の知識と理解が及ぶまでに時間を要したからです。
「必要は発明の母」という言葉のとおり、必要に迫られた人のリアルな声に
勝るものはありません。本書はまさに、オンライン教育を必要とした教師た
ちによって作り出されたたまものであり、私たちへの贈り物だといえるでし
ょう。

　最後に、翻訳チーム（今村肇、澤口隆、竹内美紀、仲綾子、久松佳彰、藤原喜仁、
堀ひかり）の先生方は、短い期間にもかかわらずいい翻訳を目指し、相当の
時間を割いて大変な努力をしてくださいました。また、原書の訳出だけでは
なく副担当としてのチェックや図版の整理、出版社の手配まで、多くを先生

229

方にご協力いただきました。青弓社の矢野未知生氏は、本書の意図を汲み取って快く出版を引き受けてくださり、年度末の忙しいスケジュールのなか早期の刊行に向けて準備してくださいました。厚くお礼を申し上げます。

2021年3月

川瀬晃弘

索引

事項

アイスブレイク 116, 192 – 194, 196

iPad 39, 141, 153, 155, 162, 168, 169, 174, 175

アクティブ・ラーニング 42, 46 – 48, 57, 71, 146, 181, 209, 221

アノテーション 20, 136, 140, 147, 159 – 163, 166, 169, 211

Instagram 203, 204

Windows 40, 153, 156

ウォームコール 66 – 68, 74

AirPlay 155

LMS（学習管理システム）102, 128, 202

音楽 109, 128, 193, 194, 197, 207, 208

画面の共有 60, 127, 140 – 143, 150, 152 – 155, 170 – 172, 174, 207

Keynote 140, 143, 153, 154, 156, 169, 171, 207

逆向き設計 50, 51, 222

ギャラリービュー 37, 39, 86, 87, 89, 127, 146, 153, 200

Google スライド 52, 97, 110, 116 – 119, 124, 125, 127, 131, 140, 152, 154, 161, 162, 170, 171, 173

Google ドキュメント 52, 108, 117, 124, 125, 127, 152, 170, 171, 173, 198, 199

GoodNotes 169

コールドコール 11, 66, 67, 85, 200, 218

コミュニティ 15, 29, 46, 92, 94, 107, 110, 112, 116, 126, 130, 173, 178, 180, 192 – 195, 197 – 206, 208, 212, 225

書画カメラ 39, 140, 141, 159, 160, 162, 166 – 168, 173, 174

Zoom関連のルール 214, 219

Zoomの背景 140, 147, 148, 155, 156

スピーカービュー 37 – 39, 127, 153

Spotify 194, 199, 200

スマートフォン 39, 121, 141, 162, 166, 168, 174, 182, 213

Slack 101, 200, 202, 203

洗濯物テスト 181, 191

第2カメラ 141, 174

タブレット 39, 140, 149, 153, 159, 161, 162, 168, 169, 171, 175, 213

Teachly 15, 66

ティーチングアシスタント（TA）34, 50, 73, 92, 100, 108, 113, 117, 121, 202, 216

デュアルモニター 39, 153

手を挙げる 60, 62, 63, 65, 73 – 75, 93, 214

電子ペン 168, 175

同期 15, 16, 20, 32, 48, 65, 150, 178 – 181, 184, 189, 191, 211, 212

匿名投票 78 – 82, 90

名前の変更 190

バーチャル背景 155 – 157

PowerPoint 43, 93, 135, 140, 141, 143, 144, 147, 152 – 154, 156, 162, 169 – 173, 207

ピア・インストラクション 78, 108

比較優位 32, 42, 51 – 53, 57, 210

非言語フィードバック 41, 79, 83

非同期 15, 20, 32, 48, 65, 134, 150, 165, 178 – 186, 188, 189, 191, 203, 212

非匿名投票 78, 79, 82 – 85, 87, 89, 90, 147

ファシリテーション 180, 206

ブレイクアウトルーム 18, 19, 36, 41, 60, 71, 90, 97, 105 – 125, 127, 131, 137, 138, 195 – 197, 210, 213, 216, 217

ブレンド型学習 184, 185, 189

ホワイトボード 41, 94, 108, 136, 140, 141, 159, 162, 163, 165, 169 – 171, 174, 175, 213

マイク 18, 30, 39, 62, 72, 74, 193, 214

Microsoft Surface 153, 155, 162, 168, 174, 175

Mac 39, 40, 153, 156

ミュート 30, 60, 62, 63, 72 – 74, 195, 200,

206, 214, 216
YouTube 41, 47, 65, 150, 166

リモート制御 127, 132, 133
待ち時間 65, 222

人名

Anand, Bharat（バーラト・アナンド）
22, 45, 51, 221, 222

Avery, Chris（クリス・エイヴリー）22,
48

Bain, Ken（ケン・ベイン）50

Born, Dana（ダナ・ボーン）22, 201

Brennan, Karen（カレン・ブレナン）
109, 110

Brockman, James（ジェームズ・ブロックマン）24, 196

Bruff, Derek（デレク・ブラフ）20, 44,
76, 81, 221

Cancino, Cecilia（セシリア・カンチーノ）22, 129

Conaway, Carrie（キャリー・コナウェイ）22, 194

Daley, Leonor（レオノール・ダレイ）
22, 197

Donahue, Jack（ジャック・ドナヒュー）
22, 146

Doyle, Terry（テリー・ドイル）142,
222, 225

Erbil, Can（キャン・エルビル）22, 203

Foster-Molina, Ella（エラ・フォスター・モリーナ）133

Friedman, John（ジョン・フリードマン）22, 23, 71

Ganz, Marshall（マーシャル・ガンツ）
22, 204 - 206

Hu, Jingchen Monika（ジンチェン・モニカ・フー）133

Hughes Hallet, Deborah（デボラ・ヒューズ・ハレット）22, 23, 92

Johnson, Aaron（アーロン・ジョンソン）72, 223

King, Gary（ゲイリー・キング）22, 23,
182, 183

Koning, Rem（レム・コーニング）22,

85, 86, 163, 164

Kostant, Shoshanna（ショシャンナ・コスタント）22, 87, 166 - 168

Lang, Jim（ジム・ラング）20, 46, 221

Leonard, Dutch（ダッチ・レナード）
22, 23, 64

Lerner, Jennifer（ジェニファー・ラーナー）22, 23, 112

Ling, Horace（ホーレス・リング）24,
121, 201

Loth, Renee（レニー・ロス）149

Marks, Zoe（ゾーイ・マークス）22, 63

Mayers, Keisha（ケイシャ・メイヤーズ）
201

Mazur, Eric（エリック・メイザー）23,
47, 77, 78, 81, 108, 134, 135, 223

McTighe, Jay（ジェイ・マクタイ）50,
222

Meister, Maddie（マディ・マイスター）
24, 131, 196

Miller, Steven J.（スティーブン・J・ミラー）165, 166

Nesson, Rebecca（レベッカ・ネッソン）
22, 84, 97, 108

Pham, Kathy（キャシー・ファム）22,
130, 198, 199

Reynolds, Cynthia（シンシア・レイノルズ）121

Rojas, Eduardo（エドゥアルド・ロハス）
22, 49

Shanley, Anna（アンナ・シャンレイ）
24, 131, 196

Shapira, Allison（アリソン・シャピラ）
22, 199

Shaughnessy, Maya（マヤ・ショーネシー）24, 204

Stavins, Rob（ロブ・スターヴァンス）
22, 23, 49, 55

Svoronos, Teddy（テディ・スヴォロノ
　ス）22, 54, 95, 96, 113, 114, 125, 169,
　170, 194, 202, 203
Toffel, Mike（マイク・トッフェル）22,
　66, 67, 70
Tuers, Susan（スーザン・ツアーズ）201
Vasconcellos, Beatriz（ベアトリス・ヴァ
　スコンチェロ）23, 181, 198
Warren, Lee（リー・ウォレン）23, 44

Weiss, Mitch（ミッチ・ワイス）22, 45,
　147, 155, 156, 172, 173
Wieman, Karl（カール・ワイマン）46
Wiggins, Grant（グラント・ウィギン
　ズ）50, 222
Wilson, Julie（ジュリー・ウィルソン）
　22, 23, 67, 68, 100, 118, 119
Wong, Cindy（シンディ・ウォン）201

久松佳彰（ひさまつ・よしあき）　＊第1章、第3章
東洋大学国際学部国際地域学科教授
専攻は中南米経済、開発経済学
共著に『ハイチとドミニカ共和国』（アジア経済研究所）、『現代ラテンアメリカ経済論』（ミネルヴァ書房）、論文に「この20年間のメキシコ銀行部門の新機軸」（「国際地域学研究」第22号）など

藤原喜仁（ふじわら・よしひと）　＊第12章
東洋大学経営企画本部事務室初等中等教育課課長補佐
専攻は情報システム部門
共著に『これからの「教育」の話をしよう5』（インプレスR&D）など

堀 ひかり（ほり・ひかり）　＊第2章、第7章
東洋大学文学部国際文化コミュニケーション学科准教授
専攻は映像文化論、ジェンダー論
著書に *Promiscuous Media*（Cornell University Press）など

川瀬晃弘（かわせ・あきひろ）　＊第9章
東洋大学経済学部総合政策学科教授
専攻は財政学、公共経済学
共編著に『官僚行動の公共選択分析』（勁草書房）、共著に *The Demographic Challenge*（Brill）、論文に "Social Preferences of Young Adults in Japan"（*The Singapore Economic Review*）など

今村 肇（いまむら・はじめ）　＊第5章、第7章
東洋大学国際学部グローバル・イノベーション学科教授
専攻はグローバル・イノベーション学、起業家精神、社会的企業、社会的インパクト
共著に『ソーシャルインパクト・ボンドとは何か』（ミネルヴァ書房）、*The Emergence of the Social Economy in Public Policy*（Peter Lang）など

澤口 隆（さわぐち・たかし）　＊第4章、第5章
東洋大学経済学部経済学科教授
専攻は構造地質学、教育工学
共著論文に「バックグラウンド稼働クリッカー（bgClicker）の開発」（「コンピュータ＆エデュケーション」第38巻）など

竹内美紀（たけうち・みき）　＊第10章、第11章
東洋大学文学部国際文化コミュニケーション学科准教授
専攻は英語圏児童文学、翻訳論
著書に『石井桃子の翻訳はなぜ子どもをひきつけるのか』（ミネルヴァ書房）、『石井桃子 子どもたちに本を読む喜びを』（あかね書房）、訳書にテリ・テリー『スレーテッド』第1—3巻（祥伝社）など

仲 綾子（なか・あやこ）　＊第6章、第8章
東洋大学ライフデザイン学部人間環境デザイン学科准教授
専攻は建築計画、建築設計、こども環境
共編著に『保育園・幼稚園・こども園の設計手法』（学芸出版社）、共著に『こどもとおとなの空間デザイン』（産学社）、論文に「授乳・おむつ替え環境のデザイン」（「子ども学」第7巻）など

ダン・レヴィ（Dan Levy）
ハーバード大学ケネディスクール公共政策上級講師

ノースウェスタン大学で経済学の博士号を取得（2000年）。ベネズエラで育ち、英語、スペイン語、フランス語に堪能

教育、保健、福祉など様々な分野で、アウトカムの向上を目的としたプログラム評価を中心に研究をおこなっています。ハーバード・ケネディスクールでは、量的手法、政策分析、プログラム評価のコースを教えています

ハーバード大学の教員として15年以上にわたり、優れた教育と学習の推進に関連した様々な役職を歴任してきました。現在は、ハーバード・ケネディスクールの主要なオンライン学習プログラムPublic Leadership Credentialのファカルティ・ディレクターを務めています。また、教員がより効果的かつ包括的に教えることを目的としたウェブ・アプリケーション「Teachly」を共同設立しました。これまでに、ハーバード大学のDavid Pickard Award for Teaching and Mentoringをはじめとする、数々の教育賞を受賞しています。彼の教えは、デヴィッド・フランクリン（David Franklin）の近著 *Invisible Learning: The magic behind Dan Levy's legendary Harvard statistics course*（2020年）で紹介されています。効果的な教育と学習に情熱を注ぎ、自身の経験と熱意を他人と共有することを楽しんでいます

主要論文

- Kazianga, Harounan, Dan Levy, Leigh L. Linden, Matt Sloan (2013). The Effects of "Girl-Friendly" Schools: Evidence from the BRIGHT School Construction Program in Burkina Faso. *American Economic Journal: Applied Economics, 5*(3), 41–62. https://doi.org/10.1257/app.5.3.41
- Kremer, Michael, Dan Levy (2008). Peer Effects and Alcohol Use among College Students. *Journal of Economic Perspectives, 22*(3), 189–206. https://doi.org/10.1257/jep.22.3.189
- Boisjoly, Johanne, Greg J. Duncan, Michael Kremer, Dan Levy, Jacque Eccles (2006). Empathy or Antipathy? The Impact of Diversity. *American Economic Review, 96*(5), 1890–1905. https://doi.org/10.1257/aer.96.5.1890

ハーバード式Zoom授業入門
オンライン学習を効果的に支援するガイド

発行 ——— 2021年4月27日　第1刷

定価 ——— 2000円＋税

著者 ——— ダン・レヴィ

監訳者 ——— 川瀬晃弘

発行者 ——— 矢野恵二

発行所 ——— 株式会社青弓社

〒162-0801 東京都新宿区山吹町337
電話 03-3268-0381(代)
http://www.seikyusha.co.jp

印刷所 ——— 三松堂

製本所 ——— 三松堂

©2021
ISBN978-4-7872-3485-8　C0037

青弓社の既刊本

大串夏身
調べるって楽しい!
インターネットに情報源を探す
調べれば世界がわかる、だから楽しい!——インターネット検索の基本からGoogleやデータベースなどのウェブサービスの活用法、特定のテーマを掘り下げて調べていくための方法をレクチャー。インターネットの大海に情報源を探す方法をコンパクトに紹介する。　定価1600円+税

藤代裕之/一戸信哉/山口浩/木村昭悟 ほか
ソーシャルメディア論・改訂版
つながりを再設計する
すべてをつなげるソーシャルメディアをどのように使いこなすのか——歴史や技術、関連する事象、今後の課題を学び、人や社会とのつながりを再設計するメディア・リテラシーの獲得に必要な視点を提示する。新たなメディア環境を生きていくための教科書。　定価1800円+税

長野ひろ子/姫岡とし子/富永智津子/桜井万里子 ほか
歴史教育とジェンダー
教科書からサブカルチャーまで
日本や欧米の歴史教科書やミュージアムの展示、少女マンガなどの素材から、現代日本の歴史教育・歴史認識をジェンダーの視点から見直し、その視点を歴史記述・教育にどのように織り込むべきかを真摯に探る。歴史認識を鋭く問うラディカルな問題提起の書。　定価1600円+税

中澤篤史
運動部活動の戦後と現在
なぜスポーツは学校教育に結び付けられるのか
日本独特の文化である運動部活動の内実を捉えるために、戦後から現在までの歴史をたどり、フィールドワークから教師や保護者の声も聞き取る。スポーツと学校教育の緊張関係を〈子どもの自主性〉という視点から分析して、日本の運動部活動の特異性を照射する。　定価4600円+税

渡邊重夫
子どもの人権と学校図書館
学校図書館こそが、「自分で考え、自分で判断する」権利を保障しながら子どもを育成する教育装置である。子どもたちの人権と学習権、プライバシーを守りながら成長をどのようにサポートするのか、レファレンスサービスほかの重要なポイントを具体的に提言する。　定価2000円+税